Süsse Sünden

forbidden delights

70 verführerische Rezepte mit Textbeiträgen von
Thea Dorn, Doris Knecht, Judith Kuckart, Tania Kummer,
Milena Moser, Lilo Wanders und Juli Zeh

Lassen Sie Ihre Seele baumeln und geben Sie sich dem Genuss hin. 70 köstliche Rezepte – raffiniert angerichtet und virtuos komponiert – warten darauf, von Ihnen entdeckt zu werden. Dieses Buch ist ein Fest für die Sinne und richtet sich an all jene, die sich leidenschaftlich gerne den süssen Verführungen des Lebens hingeben.

Der Aufbau des Kochbuches orientiert sich für einmal nicht an den Zutaten, sondern betont die Situationen und Stimmungen, welche zu genussvollen Momenten inspirieren. So bewegt sich die Dramaturgie in 7 unterschiedlichen Bildwelten: forbidden delights – love bites – the big chill – short stories – diet killers – survival kit – uplifters.

Die 7 Kapitel leben von der Liebe zum Detail und sind Ausdruck eines unverkennbaren, zeitlosen Stils. Eine zusätzliche Stimmungsebene vermitteln die eleganten, einleitenden Texte: Mit diesem Buch können Sie Ihre Liebsten verwöhnen – von A wie Affogato bis Z wie Zabaglione.

Süsse

Sünden

WERDVERLAG

Impressum

ISBN 978-3-85932-539-5

Konzept und Gestaltung: Nadiv+Partner, Zürich
Bildkonzept und Fotografie: Jérôme Bischler
Leitung Foto-Produktion: Nadja Tempest
Styling/Requisiten Styling: Tamara Gysi
Foodstyling: Christian Splettstösser
Lektorat: Rachel Camina
Korrektorat: Ivana Radmilovic
Litho und Druck: GZD Grafisches Zentrum Drucktechnik, Ditzingen
www.werdverlag.ch

Der Verlag dankt folgenden Partnern:
Artiana SA, Interiors www.artiana.ch
Bambola, Jakob Schläpfer www.jakob-schlaepfer.ch
Bogen 33, Secondhand Design Shop www.bogen33.ch
Brocki-Land Zürich www.brockiland.ch
Eclectic www.eclecticshop.ch
Fata Morgana, Schmuck & Objekte www.fatamorgana.ch
Globus Zürich
Haushalt & Küche
Hobel, Genossenschaft für Möbel und Innenausbau www.hobel.ch
Mike Kobel, Männermode & Einkaufstaschen www.markant.ch
Time Tunnel www.timetunnel.ch
Urs Bergmann, Florist, Zürich

Inhalt

Register und Glossar auf Seite 162

Raten möcht' ich dir mit alten Weisen:
Wenn du zum Manne gehst, vergiss das Zuckerbrot nicht!
Auch wenn die Peitsche eher dein Stil:
dem glasierten Blick vermag keiner zu widerstehen,
an kandierten Lippen ist noch jeder hängen geblieben.
Nüsse geknackt, Zucker geblasen, Honig geträufelt –
schon ist dir wieder einer auf den süssen Leim gegangen.
Zitrone darf sein, Wein auch, aber letztlich gehts um die Creme.
An ihr wollen sich Finger verbrennen.
Gern magst du selbst den Tag mit Schokolade beginnen.
Doch bedenke:
Du sollst die Tafel nicht vor dem Abend loben!
Sonst: Muss oh Schock! Verharre stets im Oh là là!
Denn kaum hat einer angebissen,
bleibt von der Schokolade nur noch Sch … ade.

Thea Dorn, 2006

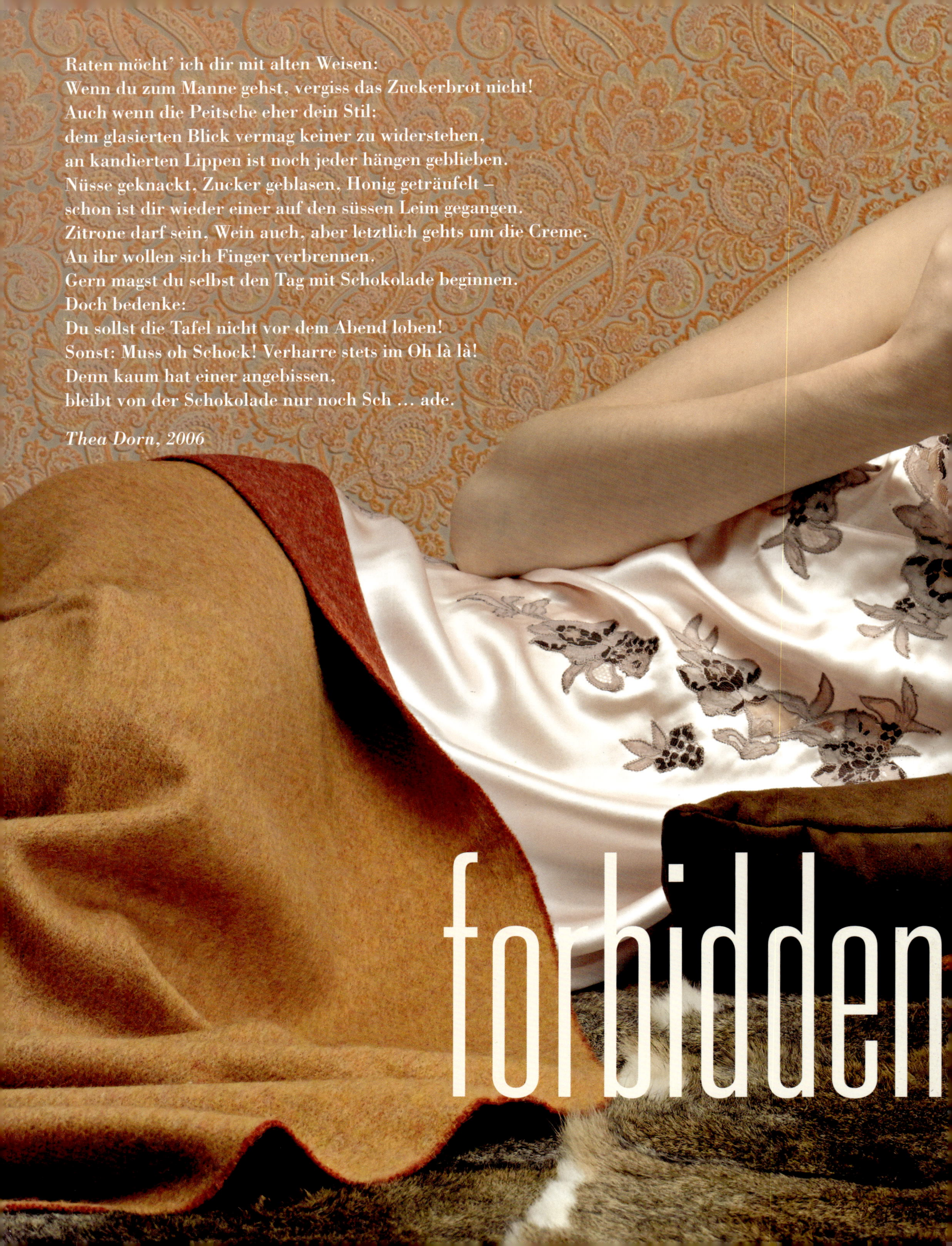

forbidden

delights

- Zabaglione
- Torte Sbrizolona
- Panna Cotta im Glas
- Crêpes Chocolat mit Schokoladen-Sorbet
- Strawberry Delight
- Double Chocolate Brownies
- Sesam-Florentiner
- Turrón (Mandel-Honig-Nougat)
- Lemon-Whips
- Crème Brûlée

Zabaglione

1 Portion

1 Eigelb

2–3 TL Zucker

2 Eierschalen voll Marsala

2 Eierschalen voll Wasser

Amaretti und Moscato d'Asti zum Servieren

1

Eigelb und Zucker schaumig schlagen. Marsala und Wasser beifügen, im warmen Wasserbad schaumig-cremig aufschlagen. Dafür eignet sich am besten ein Handrührgerät.

Aus dem Wasserbad nehmen und weiterschlagen, bis die Schaumcreme ausgekühlt ist.

Servieren

Zabaglione im Glas anrichten und mit Amaretti und Moscato d'Asti servieren.

Tipp

Die Eierschalen sollen als Masseinheit dienen.

Torte Sbrizolona

- 125 g Mehl
- 80 g feines Maisgriess
- 100 g Mandeln, gemahlen
- 80 g Zucker
- 1 Eigelb
- 1/2 Zitrone (unbehandelt), Schale und Saft
- 1 TL Vanille-Extrakt
- 60 g Butter
- 60 g Schweinefett

1

Mehl, Maisgriess, Mandeln, Zucker, Eigelb, Schale und Saft der Zitrone sowie Vanille-Extrakt mischen. Butter und Schweinefett beifügen, von Hand oder mit dem Messer krümelig mischen und zu einem Teig zusammenfügen.

2

Den Teig auf Backpapier zu einem Kreis von 7 bis 8 cm Durchmesser flachdrücken und auf ein Blech geben. In der Mitte des auf 180 Grad vorgeheizten Backofens 30 Minuten backen. Herausnehmen, auskühlen lassen und in Stücke schneiden.

Tipp

Die Torte bröckelt leicht («sbriciolare») und lässt sich auch von Hand in Stücke brechen.

Panna Cotta im Glas

4–6 Joghurtgläser von ca. 1,5 dl Inhalt

- 100 g Himbeeren
- 5 dl Rahm
- 2 dl Milch
- 1 Minzezweig
- 1 TL Vanillepaste
- 2–3 Blatt Gelatine
- 1 EL Zitronensaft
- 2 EL weisser Rum
- 75 g Puderzucker

1

Himbeeren in die Gläser verteilen, kalt stellen.

2

3 dl Rahm mit 1 dl Milch, Minze und Vanille bei kleiner Hitze 10 bis 15 Minuten ziehen lassen.

Gelatine in restlicher Milch quellen lassen, dann im heissen Rahm auflösen und auskühlen lassen. Absieben und im Eiswasserbad kalt rühren.

Zitronensaft sowie Rum beifügen und weiterrühren, bis die Creme leicht anzieht.

3

Den restlichen Rahm mit Puderzucker steif schlagen, locker unter die Creme ziehen und in die Gläser füllen. Zugedeckt über Nacht kalt stellen.

4 Tage im Kühlschrank haltbar.

Servieren

Panna Cotta nicht stürzen, sondern aus den Gläschen löffeln.

Crêpes Chocolat mit Schokoladen-Sorbet

6–8 Portionen

Sorbet

225 g Zucker

4 dl Wasser

1 Prise Salz (Fleur de Sel)

100 g Kakaopulver

250 g dunkle Schokolade, gehackt

Crêpesteig

150 g Mehl

5 Eier

3–3,2 dl Milch

150 g Butter, flüssig

2 EL Cognac

1 Prise Salz

2–3 EL Kakaopulver

75 g Zucker

Butter zum Braten

Rahm zum Servieren

Sorbet

1

Zucker, Wasser und Salz unter Rühren aufkochen, bis sich der Zucker aufgelöst hat. Kakaopulver hineinsieben und rühren. Den Topf von der Herdplatte ziehen, Schokolade beifügen und schmelzen. Auskühlen lassen. Dann in der Glacemaschine nach Anweisung des Herstellers gefrieren lassen.

Crêpesteig

2

Mehl, Eier und Milch glatt rühren. 120 g Butter, Cognac und Salz beifügen. Den Teig zugedeckt 2 Stunden kalt stellen. Crêpespfanne mit Butter auspinseln. Kakaopulver und Zucker mischen.

3

Teig portionenweise zu dünnen Crêpes ausbacken. Anschliessend Crêpes mit restlicher Butter bestreichen und mit dem Kakao-Zucker-Gemisch bestreuen.

Immer 6 Crêpes aufeinander schichten und auf einem Blech im auf 175 Grad vorgeheizten Backofen backen, bis sie leicht knusprig sind. Sofort mit Sorbet und Rahm servieren.

Strawberry Delight

Kleine Terrinenform von ca. 20 cm Länge

170 g Erdbeeren

2 EL Wasser

340 g Zucker

1 EL Zitronensaft

4–5 Blatt Gelatine, in kaltes Wasser eingelegt

1 EL Rosenwasser

50 g Puderzucker

25 g Speisestärke

Öl für die Form

1

Die Form leicht einölen und mit Klarsichtfolie auslegen, Folie ebenfalls leicht einfetten. Erdbeeren mit dem Wasser weich garen. Flüssigkeit abgiessen und auffangen. Erdbeeren pürieren und beiseite stellen.

2

Erdbeer-Kochwasser mit Wasser auf 2,25 dl aufgiessen und mit Zucker und Zitronensaft unter Rühren aufkochen. Bei mittlerer Hitze sprudelnd kochen, bis das Zuckerthermometer 120 Grad anzeigt, dann von der Herdplatte ziehen und 10 Minuten stehen lassen.

3

Gelatine gut auspressen. Mit Erdbeerpüree und Rosenwasser zum Sirup geben. Masse in die Form geben und zugedeckt über Nacht kalt stellen.

4

Puderzucker und Speisestärke mischen. Die Masse aus der Form darauf stürzen und darin wenden. In 12 Stücke schneiden.

Double Chocolate Brownies

24 Stücke

Blech von 24 x 30 cm

250 g dunkle, gehackte Schokolade (70 % Kakaogehalt)

250 g Butter, weich

5 Eier, verquirlt

2 TL Vanille-Extrakt

350 g Zucker

275 g Mehl

1/4 TL Meersalz

200 g dunkle Schokolade mit Kakaobohnensplittern, in Stücke geschnitten

Butter für die Form

1

Das Blech mit Backpapier auskleiden oder ausbuttern. Schokolade mit Butter im warmen Wasserbad schmelzen. Dann herausnehmen und beiseite stellen.

2

Eier mit Vanille-Extrakt und Zucker 10 Minuten schaumig rühren. Die geschmolzene Schokolade beifügen und sorgfältig unter die Schaummasse mischen.

Mehl und Salz dazusieben, rasch darunterheben. Die Schokoladenstücke dazugeben und locker mischen.

3

Masse in die Form geben und in der Mitte des auf 210 Grad vorgeheizten Backofens 25 bis 35 Minuten backen. Herausnehmen und auskühlen lassen. Dann in Stücke schneiden.

Variante

Statt dunkle Schokolade mit Kakaobohnensplittern weisse Schokolade mit Mandeln verwenden.

Sesam-Florentiner

0,5 dl Rahm

3 EL Zucker

2 EL Butter

1 EL flüssiger Honig

40 – 50 g Mehl

2 EL kandierter Ingwer, fein gehackt

40 – 50 g Sesamsamen

Öl zum Einfetten

1

1 bis 2 Backpapiere mit Öl einfetten. Rahm, Zucker, Butter und Honig bei mittlerer Hitze unter Rühren aufkochen. Hitze reduzieren und 5 bis 7 Minuten weiterköcheln lassen, bis sich die Masse leicht karamellisiert hat.

2

Mehl, Ingwer sowie Sesamsamen beifügen und unter Rühren ca. 5 Minuten auf niedriger Stufe weiterkochen, bis die Masse bräunlich-golden ist.

Auf ein Backpapier geben, mit einem zweiten bedecken und flach drücken. Auskühlen lassen, damit der Teig weniger klebt. Dann mit dem Wallholz so dünn wie möglich auswallen.

Den Teig auf ein Blech geben und in der Mitte des auf 200 Grad vorgeheizten Backofens 10 bis 12 Minuten backen, bis er leicht Blasen wirft. Herausnehmen und auskühlen lassen.

3

Sobald die Masse kalt ist, von Hand in Stücke brechen oder mit einem geölten Messer zerschneiden.

Turrón (Mandel-Honig-Nougat)

500 – 600 g Mandelstifte oder -blättchen

500 g Zucker

500 g flüssiger Honig

0,5 dl Milch

Butter zum Einfetten

1

50 g Mandeln im Cutter mahlen. Restliche Mandeln auf ein mit Backpapier belegtes Blech geben und in der Mitte des auf 175 Grad vorgeheizten Backofens 8 bis 10 Minuten rösten, herausnehmen und auskühlen lassen.

2

Die gerösteten Mandeln mit Zucker und 200 g Honig in eine grosse Pfanne geben. Unter Rühren bei mittlerer Hitze zum festen Ball (124 Grad auf dem Zuckerthermometer) einkochen.

Restlichen Honig, Milch und gemahlene Mandeln dazugeben. Masse von der Platte ziehen, rasch und kräftig rühren, bis sie zäh wird.

3

Blech einbuttern. Turrónmasse 15 mm dick darin verteilen. Noch warm mit einem Messer die Stückgrössen eindrücken. Dann erkalten lassen. Entlang der Rillen in Stücke brechen und in Folie wickeln.

Lemon-Whips

4 Portionen

5 dl Rahm, eiskalt
2,5 dl guter Marsala, eiskalt
1 Zitrone (unbehandelt), Schale
2 Zitronen, Saft, eiskalt
250 g Zucker
Sauerkirschkompott

1

Rahm mit Marsala, Zitronenschale, -saft und Zucker mit dem Handrührgerät oder dem Mixer so lange mischen, bis die Masse leicht dickflüssig wird. Zugedeckt kurz in den Tiefkühler stellen.

Servieren

Lemon-Whips mit Sauerkirschkompott anrichten.

Crème Brûlée

6 Ramequins oder Souffléförmchen von 1,75 dl Inhalt

5 dl Doppelrahm oder Rahm

2,5 dl Milch

1 TL Vanillepaste

8 Eigelb

75 g Zucker

50 g grober Rohrzucker

1

Doppelrahm oder Rahm, Milch und Vanillepaste aufkochen. Eigelb mit Zucker schaumig rühren und heissen Vanillerahm unter Rühren beifügen. In die gereinigte Pfanne zurückgeben und weiterrühren bis knapp vor den Kochpunkt.

2

Creme durch ein Sieb in die Förmchen verteilen und in ein warmes Wasserbad stellen. In der Mitte des auf 150 Grad vorgeheizten Backofens 30 bis 40 Minuten stocken lassen. Herausnehmen, erkalten lassen und zugedeckt kalt stellen.

3

Zucker darüberstreuen und mit dem Bunsenbrenner karamellisieren oder 3 bis 4 Minuten unter den auf höchster Stufe vorgeheizten Grill stellen, bis der Zucker braun wird.

Varianten

Statt Vanille-Aroma 4 grüne Kardamomkapseln zerdrücken und mit Milch sowie Rahm erhitzen. Von der Herdplatte ziehen und 30 Minuten ziehen lassen. Es kann auch ebenso viel Rahm wie Milch oder nur Rahm verwendet werden.

«Ich will keine Schokolade, ich will lieber einen Mann», heisst es in einem alten Schlager. Und ich will beides! Ein leichtes Nachtmahl, als Nachtisch einen nicht zu fetten Joint, dann süss und aromatisch sündigen und mit belgischen Pralinen mitsamt dem Gast ins Bett – letzten Endes sehnen wir uns alle nach Zweisamkeit.
Nach dem Liebesspiel mit einem Partner ist ein bestimmtes Hormon, nämlich Prolaktin, in 400 Prozent höherer Konzentration im Blut vorhanden als nach der Selbstbefriedigung. Prolaktin macht glücklich, eine Belohnung der Natur, um die Fortpflanzung anzukurbeln. Ich habe es ja schon immer gesagt: Geküsstes Fleisch leuchtet.
Doch selbst wenn der Kerl es nicht schafft, dass ich mich glücklich fühle – die Schokolade machts: Phenyläthylamin heisst der Zauberstoff, der stimuliert und positive Nervenimpulse weiterleitet. Diese Substanz wird zwar auch vom Körper erzeugt, jedoch in so kleinen Mengen, dass man gerne zufüttert.
Und was ich mir durch Schokolade angefressen habe, wird bei meiner Lieblingssportart wieder von den Hüften gehechelt: In 30 Minuten Poppen werden 350 Kalorien verbrannt, das entspricht dem Verbrennungswert von 40 Minuten Joggen.
Ich will also Schokolade – und einen Mann!

Lilo Wanders, 2007

love bites

Beerenschaumkuchen
Himbeeren mit Milchreis
Profiteroles mit Ganache
Lemon soufflé
Applecrumble
Ricotta-Pudding mit Rhabarber
Linzertorte
Erdbeeren in Rotwein
Mandelcake mit Blütensirup
Tarte aux pommes ménagères

Beerenschaumkuchen

Springform mit 26 cm Durchmesser

500 g Blätterteig

wenig Mehl

Belag

500 g rote Johannisbeeren

3 Eiweiss

100 g Zucker

1 EL Speisestärke

100 g Mandelmehl (geschälte, fein gemahlene Mandeln)

50 g Mandelblättchen

1

Blätterteig auf wenig Mehl ca. 3 mm dick auswallen. Die Form damit auslegen und den Rand 5 bis 6 cm hochziehen. Boden dicht einstechen, mit Backpapier abdecken und mit Backperlen beschweren. Dann kalt stellen.

2

Teigboden im unteren Teil des auf 200 Grad vorgeheizten Backofens 20 Minuten vorbacken. Papier samt Backperlen entfernen und 5 Minuten im ausgeschalteten Backofen ausbacken. Dann herausnehmen, auskühlen lassen und Backofentemperatur auf 175 Grad zurückstellen.

Belag

3

Johannisbeeren nur wenn nötig waschen. Mit einer Gabel von den Rispen streifen. Eiweiss steif schlagen. Zucker einrieseln lassen und weiterschlagen, bis die Masse glänzt und feste Spitzen bildet. Schliesslich Puderzucker, Speisestärke und gemahlene Mandeln darunterheben.

4

Die Hälfte des Eischnees mit den Johannisbeeren mischen und auf dem Teigboden verteilen. Mit dem restlichen Eischnee bedecken, mit Mandelblättchen bestreuen und im unteren Teil des heissen Ofens 45 Minuten backen. Dabei die Dampfklappe hervorziehen oder die Backofentüre einen spaltbreit offen halten, damit der Dampf entweichen kann.

Himbeeren mit Milchreis

4 – 6 Portionen

225 g Milch- oder Risottoreis

1 Prise Meersalz

50 g Butter

2,5 – 3,5 dl Milch

75 g Puderzucker

2 EL Orangen- oder Rosenblütenwasser

300 g Himbeeren

einige rote Johannisbeeren

Coulis

250 g Himbeeren

125 g Zucker

1

Reis unter fliessendem Kaltwasser kurz spülen, mit 2,5 dl Wasser und Salz aufkochen. Butter beifügen und zugedeckt bei kleiner Hitze köcheln lassen, bis fast alle Flüssigkeit aufgesogen ist.

2,5 dl Milch und Zucker beifügen, aufkochen. Unbedeckt bei kleiner Hitze unter Rühren köcheln lassen, bis die Milch dick eingekocht ist. Falls nötig mehr Milch beifügen, bis der Reis bissfest gegart ist. Schliesslich mit Blütenwasser abschmecken.

Coulis

2

Himbeeren mit 3 bis 4 EL Wasser und Zucker aufkochen, durch ein Sieb passieren. Dann auskühlen lassen. Den Reis lauwarm mit Himbeeren und Coulis servieren.

Servieren

Wer möchte, lässt den Reis vollständig auskühlen und formt ihn wie Nigiri-Sushi-Portionen. Beeren anschliessend darauf anrichten und mit Stäbchen und Coulis servieren.

Profiteroles mit Ganache

12–15 Stücke

Brühteig

1 dl Wasser

65 g Butter, in Würfel geschnitten

1 Prise Salz

1/2 TL Vanille-Extrakt

75 g Mehl

2 Eier

Füllung

75 g Crème fraîche

50 g Ricotta

2–3 EL Zucker

2 EL Sherry Oloroso oder Armagnac

Ganache

65 g dunkle Schokolade, gehackt

50 g Butter

Brühteig

1

Wasser, Butter, Salz und Vanille-Extrakt aufkochen. Herdplatte ausschalten, dann Mehl im Sturz beifügen, 2 bis 3 Minuten rühren, bis sich der Teig vom Pfannenboden löst und ein weisslicher Belag sichtbar wird.

Ein Ei nach dem anderen mit den Schwingbesen des Handrührgerätes darunterrühren, bis der Teig eine cremig-feste Konsistenz erreicht. Backofen auf 210 Grad vorheizen.

2

Den Teig in einen Spritzbeutel mit glatter Tülle (15 mm Durchmesser) füllen. 12 bis 15 gleich grosse Portionen in reichlich grossem Abstand auf ein mit Backpapier belegtes Blech spritzen und mit nassem Finger flachdrücken.

In den unteren Teil des heissen Ofens schieben und Temperatur auf 200 Grad zurückstellen. Brühteigkugeln 18 bis 20 Minuten backen. Den Ofen ausschalten, Gebäck bei geöffneter Türe 2 bis 5 Minuten ausbacken. Herausnehmen und auskühlen lassen.

Füllung

3

Crème fraîche, Ricotta, Zucker und Sherry oder Armagnac mit dem Handrührgerät vermengen.

Ganache

4

Die Schokolade mit Butter im Wasserbad schmelzen. Brühteigkugeln an der Seite aufschneiden und mit je 1 TL Füllung füllen. Mit warmer Ganache übergiessen.

Lemon soufflé

2–3 Portionen

2 Kupferpfännchen oder Soufflétörmchen

Soufflémasse

1 EL Butter

1 1/2 EL Mehl

0,75 dl Milch

1 Zitrone (unbehandelt),
1 TL Schale und 0,25 dl Saft

3 EL Zucker

2 Eigelb

1 TL Vanillepaste

3 Eiweiss

1 Prise Salz

1 Messerspitze Cream of Tartar (Weinstein)

Butter

Zucker

Puderzucker

1

Boden der Pfännchen oder Förmchen buttern und mit Zucker bestreuen.

Soufflémasse

2

Butter schmelzen, Mehl beifügen und unter Rühren bei kleiner Hitze andämpfen. Milch unter Rühren dazugiessen und dick einkochen. Zitronensaft und 1 EL Zucker dazugeben, kurz weiterkochen, von der Herdplatte ziehen.

Zitronenschale, Vanillepaste sowie Eigelb nach und nach beifügen, auf die Herdplatte zurückschieben. 1 Minute unter Rühren erhitzen. Anschliessend auskühlen lassen.

3

Eiweiss mit Salz und Cream of Tartar steif schlagen. Restlichen Zucker einrieseln lassen und weiterschlagen, bis die Masse glänzt. Sorgfältig unter die Zitronencreme mischen, in die Förmchen verteilen.

4

Soufflés in den unteren Teil des auf 200 Grad vorgeheizten Backofens schieben, Temperatur auf 190 Grad einstellen und 20 bis 30 Minuten backen. Anschliessend herausnehmen, leicht mit Puderzucker bestäuben und sofort servieren.

Applecrumble

4 Portionen

4–5 Äpfel (z.B. Boskoop, Reinetten)
wenig Zitronensaft
40 g Butter

Crumble
120 g Mehl
100 g Zucker
100 g gesalzene Butter

1

Die Äpfel schälen, vierteln und das Kerngehäuse entfernen. In Stücke schneiden und mit Zitronensaft beträufeln. In der warmen Butter unter Wenden kurz andämpfen.

Crumble

2

Mehl, Zucker und Butter krümelig reiben. Die Hälfte davon in eine ofenfeste Form geben. Dann Äpfel darüber verteilen und mit restlichen Crumble bedecken.

3

Applecrumble in der Mitte des auf 180 Grad vorgeheizten Backofens 40 bis 50 Minuten backen, bis die Oberfläche schön karamellisiert ist.

Servieren

Heiss oder lauwarm servieren.

Tipp

Dazu passt flaumig geschlagener Rahm oder Vanilleeis.

Ricotta-Pudding mit Rhabarber

4 – 6 Portionen

6 Muffinförmchen

Pudding

250 g Ricotta

1 Ei

1 Eigelb

2 EL Zucker

2 EL Rahm

2 EL Honig

1/8 TL Salz (Fleur de Sel)

1/2 Zitrone (unbehandelt), Schale und Saft

Rhabarber

3 – 4 EL Zucker

1/2 TL Speisestärke

200 g Rhabarber, in diagonale Stücke geschnitten

Öl für die Förmchen

Pudding

1

Muffinförmchen einfetten. Anschliessend Ricotta, Ei, Eigelb, Zucker, Rahm, Honig, Salz sowie Zitronenschale und -saft mischen und in die Förmchen verteilen.

Rhabarber

2

Zucker, Speisestärke und Rhabarber mischen, in einer ofenfesten Form verteilen. Zusammen mit dem Pudding in der Mitte des auf 160 Grad vorgeheizten Backofens 35 bis 45 Minuten backen. Schliesslich herausnehmen und auskühlen lassen.

Servieren

Pudding lösen und mit Rhabarber anrichten.

Linzertorte

Springform von ca. 26 cm Durchmesser

Rührteig

200 g Butter, weich

200 g Zucker

2 Eier

2 TL Vanille-Extrakt

1 TL Kakaopulver

1/2 TL Zimt, gemahlen

1 Messerspitze Nelken, gemahlen

1 Messerspitze Salz

1/2 Zitrone (unbehandelt), Schale

200 g ungeschälte Mandeln, gemahlen

200 g Mehl

50 g Speisestärke

Füllung

250 – 300 g dicke Himbeer-konfitüre, hausgemacht

2 EL Himbeergeist

Mehl zum Auswallen

1 Eigelb

Puderzucker zum Bestäuben

Rührteig

1

Butter weich und glatt rühren. Zucker und Eier abwechslungweise beigeben, schaumig rühren. Vanille-Extrakt, Kakaopulver, Gewürze, Salz und Zitronenschale dazugeben.

Mandeln, Mehl und Speisestärke mischen, unter die Schaummasse heben und rasch zu einem Teig zusammenfügen. Zugedeckt 30 Minuten kalt stellen.

2

2/3 des Teiges ca. 1 cm hoch in der Form verteilen und glatt streichen. Den Teig am Rand etwas hochziehen, kalt stellen. Den restlichen Teig mit etwas Mehl verkneten, dann zwischen Backpapier ca. 4 mm dick ausrollen und ebenfalls kalt stellen.

Füllung

3

Teigboden mit einer Gabel mehrmals einstechen. Dann Konfitüre mit Likör verrühren und darauf verteilen. Den ausgerollten Teig in ca. 1 cm breite Streifen schneiden und gitterartig über die Füllung legen.

Rand und Streifen mit Eigelb bestreichen. Die Linzertorte auf der untersten Rille im auf 200 Grad vorgeheizten Backofen 40 Minuten backen.

Erdbeeren in Rotwein

4 Portionen

4 dl Rotwein (z.B. Zinfandel, Merlot, Barbera)

1 TL Zitronensaft

100 g Zucker

450 g Erdbeeren, längs halbiert

Doppelrahm zum Servieren

1

Wein, Zitronensaft und Zucker in einer Schüssel verrühren. Dann die Erdbeeren beifügen und 60 Minuten bei Raumtemperatur zugedeckt ziehen lassen.

Schliesslich 60 Minuten kalt stellen (nicht länger, die Früchte werden sonst weich).

Servieren

Beeren in Schalen anrichten und mit Doppelrahm servieren.

Mandelcake mit Blütensirup

Cakeform von 20–25 cm Länge

Cake

200 g Zucker

8 Eier, getrennt

1 TL Vanille-Extrakt

400 g Mandelmehl (geschälte, sehr fein gemahlene Mandeln)

80 g Speisestärke

160 g Süssrahmbutter, flüssig

1 Prise Salz

Sirup

200 g Zucker

2 dl Wasser

2 EL Limesaft

1 TL Orangenblütenwasser

Cake

1

Cakeform mit Backpapier auskleiden. 175 g Zucker mit Eigelb und Vanille-Extrakt schaumig rühren. Dann Mandelmehl, Speisestärke und Süssrahmbutter dazugeben, mischen.

2

Eiweiss mit Salz steif schlagen. Den restlichen Zucker einrieseln lassen und weiterschlagen, bis die Masse sehr steif ist. 1/3 davon unter die Mandelmasse rühren.

Den Rest sorgfältig darunterheben und in die Form geben. Sogleich im unteren Teil des auf 160 Grad vorgeheizten Backofens 60 Minuten backen. Vor dem Herausnehmen Nadelprobe machen.

Sirup

3

Zucker und Wasser unter Rühren aufkochen. Köcheln lassen, bis sich der Zucker aufgelöst hat. Dann bei mittlerer Hitze zur Hälfte einkochen lassen und Limesaft sowie Orangenblütenwasser beifügen.

4

Cake mit einer Nadel mehrmals einstechen, mit dem Sirup tränken und einziehen lassen. Dann stürzen und vollständig auskühlen lassen, zugedeckt kalt stellen.

Servieren

Zum Servieren in grosse Würfel schneiden.

Tarte aux pommes ménagères

Backblech von 20 cm Durchmesser

200 g Mürbeteig, ausgewallt

450–600 g Äpfel (z.B. Cox Orange)
etwas Zucker
100 g Aprikosenkonfitüre
1 EL Zitronensaft

Rahm, steif geschlagen, zum Servieren

1

Blech mit Mürbeteig auslegen, Rand hochziehen und den Boden dicht einstechen. 30 Minuten kalt stellen. Backofen samt einem Blech (in unterer Ofenhälfte) auf 220 Grad vorheizen.

2

Äpfel schälen, halbieren, Kerngehäuse entfernen und in Schnitze schneiden. Ziegelartig im Kreis sehr dicht auf dem Teigboden verteilen. Dann mit Zucker bestreuen und Tarte auf das heisse Blech stellen. 25 bis 30 Minuten backen, bis der Teig golden und die Äpfel karamellisiert sind.

3

Aprikosenkonfitüre mit Zitronensaft erwärmen und durch ein Sieb streichen. Tarte herausnehmen, 5 Minuten auskühlen lassen. Dann dick mit Aprikosenkonfitüre bestreichen.

Servieren

Noch warm mit Rahm servieren.

Wassermelonen-Granita

Zitronensorbet

Lemon-Curd-Eis
mit Nusszwieback

Kokos-Sorbet mit Zitrussalat

Cracker-Ice-cream

Quick Berry Ice-cream

Stracchiatella-Eis

Weisses Schokoladeneis

Affogato mit Safran-Biscotti

Lime-Pistazien-Kulfi

the big

Als ich ein Kind war, versuchte man es mir beizubringen: Gib deinen Körperteilen Befehle, hiess es. Sag deinen Zehen, dass sie sich entspannen sollen. Sag es deinen Kniescheiben, erst der rechten, dann der linken. Sag es dem Bauchnabel. Du musst mit ihnen üben, irgendwann werden sie gehorchen - dein rechter Arm wird warm, dein Hintern versinkt im Sand.
Aber das Konzentrieren auf den eigenen Körper war mir zuwider, als würde ich gezwungen, mit allen zehn Fingern die eigene Leiche abzutasten. Du musst schon daran glauben, hiess es, und ich spürte bereits damals, dass etwas falsch war an dieser Wendung: «Glauben zu müssen» geht gar nicht. Ich liege auf der Couch und suche zum ersten Mal seit Jahren nach einem Gesprächsthema für mich und meine Kniescheiben, während du am Fenster stehst und einfach nur schön bist, so als wäre Schön-Sein eine Beschäftigung. Schönheit, denke ich, ist die Freiheit von Zweifeln.
Und Glauben ist die Freiheit von Müssen. Dich anzusehen ist wie das Aufsteigen vom Grund eines Sees, der hellen Oberfläche entgegen, heraufgetrieben nur von der Luft in den eigenen Lungen.
Entspann dich doch mal, hast du gerade zu mir gesagt, und nun sehe ich an deinem Lächeln, dass dies ein Witz hätte sein sollen.

Juli Zeh, 2006

chill

Wassermelonen-Granita

4 Portionen

1,25 dl Wasser

100 g Zucker

1 Prise Meersalz

750 g Wassermelone, entkernt, gewürfelt

1–2 Limes, Saft

Limes, in Viertel geschnitten, zum Servieren

1

Wasser, Zucker und Salz in einer Pfanne aufkochen. Rühren, bis der Zucker aufgelöst ist. Von der Herdplatte ziehen und auskühlen lassen.

2

Wassermelonenfleisch pürieren. 500 g Püree mit 1 bis 2 EL Limessaft und Sirup mischen. Anschliessend in ein vorgekühltes Gefäss geben und nach Anweisung des Herstellers in der Glacemaschine gefrieren lassen.

Servieren

Gefrorene Wassermelone in Würfel schneiden und im Blender rasch mixen, bis sie sandig (wie Sulzschnee) wird. In vorgekühlte Gefässe geben und mit Limes garnieren.

Variante

Statt Limes Wodka oder Sake verwenden.

Zitronensorbet

4–6 Portionen

1 Zitrone (unbehandelt), in Viertel geschnitten

250 g Zucker

1–2 reife Bananen, z.B. Apfelbananen, geschält

5 dl Zitronensaft, frisch gepresst

1

Zitrone, Zucker und Bananen im Mixer fein pürieren. In eine Schüssel geben, mit Zitronensaft verrühren. Nach Anweisung des Herstellers in der Glacemaschine gefrieren lassen oder in einem Gefäss in den Tiefkühler stellen.

Nach 1 Stunde mit dem Schneebesen oder einer Gabel aufrühren. Danach alle 20 bis 30 Minuten aufrühren, bis die Masse komplett gefroren ist.

Servieren

Sorbet mit dem Portionierer oder zwei grossen Esslöffeln formen und in hohen Gläsern anrichten.

Lemon-Curd-Eis mit Nusszwieback

8 Portionen

1 Cakeform, 20 – 24 cm lang

Eis

450 – 500 g griechischer Joghurt, nature

300 g Lemon Butter/Curd (siehe Seite 128) oder gekauft

450 g Doppelrahm, dick aufgeschlagen

2 Eiweiss, steif geschlagen

Nusszwieback

3 Eiweiss

1 Prise Salz

95 g Zucker

95 g Weissmehl

95 g Nüsse, (z.B. Pistazien, Mandeln, Haselnüsse)

Eis

1

Joghurt und Lemon Curd verrühren. Den Doppelrahm und Eischnee locker unter die Joghurt-Mischung ziehen. Alles in ein Gefäss geben und zugedeckt einfrieren lassen oder nach Anweisung des Herstellers in der Glacemaschine gefrieren lassen.

Nusszwieback

2

Cakeform mit Backpapier auskleiden. Eiweiss mit Salz steif schlagen. Zucker fortwährend dazurieseln lassen und weiterschlagen, bis die Masse glänzt.

Mehl und Nüsse locker unter den Eischnee heben. Sofort in die Form geben und im unteren Teil des auf 180 Grad vorgeheizten Backofens 40 bis 50 Minuten backen. Herausnehmen und auskühlen lassen.

3

Cake in sehr dünne Scheiben schneiden und nebeneinander auf ein mit Backpapier belegtes Blech geben. In der Mitte des auf 140 Grad vorgeheizten Backofens trocknen lassen, bis sie leicht geröstet sind. Anschliessend herausnehmen, auf einem Kuchengitter auskühlen lassen und zum Eis servieren.

Tipp

Cake 1 bis 2 Tage im Voraus backen und auskühlen lassen. Dann lassen sich die Scheiben leichter sehr dünn schneiden.

Getrocknete Scheiben sind gut verschlossen 1 Woche haltbar.

Kokos-Sorbet mit Zitrussalat

4 – 6 Portionen

Sorbet

150 g Zucker

1,5 dl Wasser

8 dl Kokosnussmilch

2 TL Rosenwasser

Zitrussalat

2 rosa Grapefruits

2 Mandarinen

2 Orangen oder Minneolas

1 TL Rosenwasser

50 g Zucker, in Würfeln

2 EL Minze, gehackt

Sorbet

1

Zucker mit Wasser aufkochen, 1 Minute köcheln und dann auskühlen lassen. Kokosnussmilch und Rosenwasser beifügen. Masse nach Anweisung des Herstellers in der Glacemaschine gefrieren lassen.

Zitrussalat

2

Zitrusfrüchte filetieren (Schnitze zwischen den Segmenten herausschneiden) und dabei den Saft auffangen. Saft, Filets und Rosenwasser mischen. Zugedeckt kalt stellen.

Servieren

Zucker mit Minze im Mörser grob zerstossen. Den Zitrussalat in Bowls anrichten, 1 Kugel Kokos-Sorbet darauf verteilen und mit Minzezucker bestreuen.

Cracker-Ice-cream

8 Portionen

ca. 1 L Vanilleeis, gekauft oder hausgemacht

175 g Graham-Cracker, zerbröselt

Sauce

100 g Butter

2 1/2 EL Aceto Balsamico

800 g Himbeeren

1

Vanilleeis mit Cracker-Brösel vermengen und zugedeckt 30 bis 40 Minuten gefrieren lassen.

Sauce

2

Butter schmelzen und 5 Minuten bei kleiner Hitze köcheln lassen, bis sie golden wird. Von der Herdplatte ziehen und mit Aceto mischen.

Servieren

Himbeeren in Bowls verteilen und warme Balsamico-Butter darüberträufeln. Eis in Portionen darauf anrichten.

Quick Berry Ice-cream

4 – 6 Portionen

250 g Doppelrahmfrischkäse (z.B. Mascarpone, Rahmquark)

500 g Beeren, tiefgekühlt, (z.B. Himbeeren, Heidelbeeren, Brombeeren oder gemischte Beeren)

einige Tropfen Zitronensaft

75 – 100 g Zucker

Bricelets oder Hüppen zum Servieren

1

Doppelrahmfrischkäse 20 Minuten in den Tiefkühler geben. Eisbecher kalt stellen.

2

Kurz vor dem Servieren die noch gefrorenen Beeren mit Zucker, Zitronensaft und Doppelrahmfrischkäse im Mixer/Blender pürieren, bis alles gut vermischt ist. Sofort auf die Becher verteilen, mit Gebäck garnieren und servieren.

Variante

Statt Beeren exotische Früchte (z.B. Mango, Papaya, Bananen) in Stücke schneiden, auf einem Blech 60 Minuten in den Tiefkühler stellen. Dann im Mixer/Blender kurz mixen, bis die Früchte antauen. 1 bis 2 dl Kokosnussmilch, 2 EL Zucker, 1 EL Limesaft und einige Tropfen Rum beifügen und mischen.

Tipp

Das Eis schmeckt frisch zubereitet am besten: wie Halbgefrorenes.

Stracchiatella-Eis

8 – 10 Portionen

Eis

6 Eiweiss

1 Prise Salz

1 Messerspitze Cream of Tartar (Weinstein)

100 g Zucker

90 g Honig, flüssig

100 g Ricotta

2 EL Milch

400 g Mascarpone

75 – 100 g dunkle Schokolade (64% Kakaogehalt), flüssig, ausgekühlt

einige Tropfen Orangenblütenwasser

Waffelcornets

schwarze Schokolade, flüssig, ausgekühlt

Eis

1

Eiweiss mit Salz und Cream of Tartar steif schlagen. Zucker einrieseln lassen und weiterschlagen, bis die Masse glänzt und sehr steif ist. Den Honig beifügen, daruntermischen. Ricotta mit Milch glattrühren und Mascarpone dazugeben.

1/3 Eischnee darunterrühren und den Rest locker darunterziehen. Schokolade und Orangenblütenwasser beifügen und mischen. Masse in der Glacemaschine gefrieren lassen oder in eine vorgekühlte Form geben und tiefkühlen.

Servieren

Das Eis zu Kugeln formen. Cornets mit flüssiger Schokolade ausgiessen und das Eis darin anrichten.

Weisses Schokoladeneis

6 dl

2 dl Rahm

3 dl Vollmilch

50 g Zucker

100 g weisse Schokolade oder Couvertüre, fein gehackt

1 TL Pektin (Pulver)

1 EL Orangenlikör

Sirup

200 g Zucker

0,5 dl Wasser

1 dl Espresso, stark, heiss

2 TL Marsala

1

Rahm, Milch und Zucker unter Rühren aufkochen und köcheln lassen, bis die Zuckerkristalle aufgelöst sind. Von der Herdplatte ziehen, Schokolade und Pektin beifügen. Solange rühren, bis die Schokolade geschmolzen ist. Anschliessend vollständig auskühlen lassen.

2

Orangenlikör unter die Schokoladenmasse rühren und nach Anweisung des Herstellers in der Glacemaschine gefrieren lassen.

Sirup

3

Zucker mit Wasser golden karamellisieren. Von der Herdplatte ziehen. Espresso dazugiessen (aufpassen, es spritzt) und köcheln, bis der Karamell gelöst ist. Auskühlen lassen, anschliessend Marsala beifügen.

Servieren

Eis in Portionen anrichten und mit Espresso-Sirup beträufeln.

Affogato mit Safran-Biscotti

4 Portionen

Biscotti

175 g Mehl

175 g Zucker

1/4 TL Backpulver

100 g Pistazien, grob gehackt

8 – 10 Safranfäden

2 Eier, verquirlt

8 frisch gebrühte Espressi, in Gläsern angerichtet

5 dl gutes Vanilleeis, gekauft oder hausgemacht

1,2 dl Amaretto

Biscotti

1

Mehl, Zucker, Backpulver, Pistazien und Safranfäden mischen. Eier beifügen und rasch zu einem festen Teig zusammenfügen. Diesen auf Mehl zu einer Rolle von 5 cm Durchmesser formen und auf ein mit Backpapier belegtes Blech geben.

In der Mitte des auf 175 Grad vorgeheizten Backofens 45 bis 50 Minuten backen. Herausnehmen und auskühlen lassen. Dann in 5 mm dicke Scheiben schneiden und nebeneinander auf ein mit Backpapier belegtes Blech geben. In der Mitte des auf 140 Grad vorgeheizten Backofens 10 bis 15 Minuten backen. Herausnehmen und auskühlen lassen.

Servieren

Vanilleglace zu Kugeln formen. Amaretto in Gläschen anrichten und mit Espressi und Biscotti servieren: Je 1 Kugel Eis und etwas Amaretto in den Espresso geben, auslöffeln.

Lime-Pistazien-Kulfi

10 Portionen

10 Kulfi- oder Ramequin-Formen à 1,2 dl

150 g Pistazien

6 EL Zucker

1 EL Limeschale

2,25 dl Limessaft, frisch gepresst

5 dl Kondensmilch, ungezuckert

2,5 dl Milch

einige Tropfen grüne Lebensmittelfarbe

10 Blätter Silberfolie, essbar

1

Pistazien im Cutter fein mahlen und mit Zucker, Limeschale, -saft, Kondensmilch, Milch und Lebensmittelfarbe glatt rühren. In die Formen verteilen und zugedeckt 4 bis 5 Stunden tiefkühlen.

2

Zum Servieren Formen kurz in heisses Wasser tauchen. Den Rand mit einem spitzen Messer lösen und Kulfi auf Teller stürzen. Mit Silberfolie garnieren.

Tipp

Dazu passt Nusszwieback (siehe Seite 58) mit Pistazien.

Egal, wie jung wir uns noch immer geben: Das Leben ist eine sehr lange Geschichte, die einige Kapitel zählt, die wir gerne übersprungen hätten. Aber wir haben keine Wahl, denn dieses Buch müssen wir zu Ende schreiben. Auch wenn wir uns manchmal wünschen, dass uns das Leben eine andere Geschichte ins Ohr geflüstert hätte: eine vom Bauernhof zum Beispiel, oder eine vom Kinderwollen, Kinderkriegen und Kinderhaben, vielleicht eine Geschichte vom Berühmtsein, vom Alles-Haben, davon, sich jeden Wunsch erfüllen zu können. Wir schwelgen in den winzigen Danebenleben, in Tagträumen und Ahnungen, wie es hätte sein können, wenn wir uns an einem bestimmten Punkt in der Vergangenheit anders entschieden hätten oder wie es wäre, wenn wir einen Neuanfang wagen würden. Die anderen Leben reizen gezielt, bieten Bergsicht und Kuhglockenstille, wenn wir durch die laute Stadt wetzen, oder locken mit Weltrekord im Karrieresprung, wenn die Kinder an den Nerven nagen. Hätte! Würde! Könnte! Seufzen wir und – schmunzeln dann: Könnten wir, dann würden wir doch alles noch einmal genau so machen, ganz genau so, wie wir es bis jetzt gemacht haben, denn: Was gibt es ernsthaft auszusetzen an diesem einen, unserem guten Leben?

Tania Kummer, 2007

short

stories

Butter Cookies mit Milchkonfitüre gefüllt

Marshmallow

Mocca-Nuts

Karamell

Krachmandeln

Churros mit Hot Chocolate

Schokolade-Pralinen

Fudge

Duchesses («Macarons»)

Karamellpudding

Butter Cookies mit Milchkonfitüre gefüllt

30–35 Stücke

Teig

100 g Butter, weich

150 g Zucker

1 Ei

1 Eigelb

1/2 Zitrone (unbehandelt), Schale

150 g Mehl

150 g Speisestärke

1 TL Backpulver

250 g Milchkonfitüre (siehe Seite 124, oder gekauft)

3–4 EL Kokosraspel

Teig

1

Butter schaumig rühren. Den Zucker beifügen und rühren, bis die Masse weisslich-cremig wird. Ei, Eigelb und Zitronenschale beifügen, weiterrühren. Mehl, Speisestärke und Backpulver mischen, dazusieben, mischen. Rasch zu einem Teig zusammenfügen. Flach drücken, zugedeckt 30 Minuten kalt stellen.

2

Teig zwischen Backpapier 3 bis 4 mm dick auswallen und kalt stellen. Kreise von 3 bis 4 cm Durchmesser ausstechen. Mit Abstand auf ein mit Backpapier belegtes Blech geben.

Dann 10 bis 12 Minuten in der Mitte des auf 180 Grad vorgeheizten Backofens backen. Herausnehmen, auf dem Blech auskühlen lassen und schliesslich davon ablösen.

3

Jeweils zwei Kekse mit 1 TL Milchkonfitüre zusammenkleben. Rand dünn mit restlicher Milchkonfitüre bestreichen und in Kokosraspeln wenden.

Marshmallow

300 g

2 1/2 TL Gelatine, Pulver (neutral)

0,65 dl Wasser, kalt

200 g Zucker

0,5 dl Wasser, kalt

Speisestärke

1

Gelatine in ein hohes schmales Gefäss geben. 0,65 dl Wasser beifügen und 5 Minuten quellen lassen.

2

In einer kleinen Pfanne Zucker mit 0,5 dl Wasser unter Rühren aufkochen, bis sich der Zucker aufgelöst hat. Zuckerthermometer am Rand der Pfanne befestigen und Pfannenrand mit einem feuchten Pinsel reinigen (damit sich keine Zuckerkristalle bilden). Bei mittlerer Hitze zum weichen Ballen köcheln (117 bis 120 Grad).

3

Masse von der Herdplatte ziehen, Sirup zur Gelatine giessen und kurz von Hand rühren. Dann mit dem Schneebesen des Mixers bei mittlerer Geschwindigkeit 7 bis 10 Minuten schlagen, bis die Masse weiche Spitzen bildet.

4

Speisestärke auf ein Backpapier stäuben. Marshmallow-Masse sofort in einen Spritzbeutel mit glatter Tülle von 11 mm geben. Aufs Backpapier spritzen und während 30 bis 40 Minuten fest werden lassen.

Varianten

Masse mit Lebensmittelfarbe einfärben oder direkt auf farbigen Zucker spritzen und damit überziehen.

Sobald die Marshmallows trocken sind, diese – mit Stärke bestäubten Fingern – auf eine Pralinengabel setzen und in temperierte Schokolade tauchen. Anschliessend auf Backpapier trocknen lassen.

Mocca-Nuts

25 – 30 Stücke

Teig

200 g Baumnüsse, grob gehackt

200 g Puderzucker

1 – 2 TL Kaffee, sofortlöslich (Espresso-Qualität)

1 – 2 EL Wasser, heiss

Glasur

100 g Puderzucker

1 – 2 EL Kaffeelikör (Kahlua)

Puderzucker zum Auswallen

Espressobohnen, zerstossen

Teig

1

Baumnüsse portionenweise mit Puderzucker durch die Mandelmühle drehen oder im Cutter fein mahlen. Den Kaffee im heissen Wasser auflösen, zur Nussmischung geben und rasch zu einem Teig zusammenfügen.

2

Den Teig zwischen Backpapier oder auf Puderzucker 1 cm dick auswallen. Kreise oder andere Motive in unterschiedlicher Grösse ausstechen. Nebeneinander auf ein Backpapier legen und über Nacht bei Raumtemperatur antrocknen lassen.

Glasur

3

Puderzucker mit Kaffeelikör glatt rühren und tropfenweise Wasser oder Likör beifügen, bis die Glasur streichfähig ist. Mocca-Nuts damit bestreichen und mit Bohnen-Splittern verzieren. Vollständig trocknen lassen.

Tipps

Je feiner die Nüsse gemahlen sind, desto weniger Flüssigkeit braucht es zusätzlich.

Die Menge des Kaffees nach Kaffeesorte dosieren, damit das Aroma nicht ins Bittere kippt. Gut schmeckt natürlich auch frisch aufgebrühter Espresso.

Baumnüsse vor dem Mahlen anfrieren lassen, dann klumpen sie weniger (deshalb auch besser von Hand fein mahlen, denn im Cutter erwärmen sie sich, und das Nussfett setzt sich ab).

Karamell

500 g

350 g Zucker

5 EL Wasser

1 Zitrone (unbehandelt), Schale und Saft

2,5 dl Rahm

60 g Traubenzucker (ersatzweise flüssiger Honig)

30 g Butter, weich

wenig Öl zum Einfetten

1

Quadratische Form von 17x17 cm mit Backpapier belegen und leicht einfetten.

2

125 g Zucker mit Wasser, Zitronenschale und -saft 2 bis 3 Minuten sprudelnd kochen lassen. Dann von der Platte nehmen und restlichen Zucker mit Rahm, Traubenzucker oder Honig in einer weiten Chromstahlpfanne unter Rühren 5 Minuten köcheln lassen.

Zuckersirup dazugiessen und 10 bis 15 Minuten weiterköcheln lassen, bis das Zuckerthermometer 120 bis 125 Grad anzeigt. Von der Platte nehmen und Butter darunterrühren.

3

Masse 8 mm dick in die vorbereitete Form geben, auskühlen lassen, dann kalt stellen. Mit einem scharfen, geölten Messer in Quadrate schneiden.

Variante

50 g geriebene, dunkle Schokolade mit der Butter unter die Karamellmasse rühren.

Krachmandeln

400 g

250 g Zucker

5 EL Wasser oder Himbeersaft

einige Tropfen rote Lebensmittelfarbe

250 g Mandeln, ungeschält

1

In einer weiten Pfanne Wasser oder Himbeersaft und Zucker unter Rühren aufkochen, bis sich der Zucker aufgelöst hat. Anschliessend 5 Minuten bei mittlerer Hitze köcheln lassen.

2

Lebensmittelfarbe und Mandeln beifügen, unter ständigem Rühren weiterkochen. Sobald der Zucker fest wird und die (leicht krachenden) Mandeln umhüllt, Pfanne von der Herdplatte ziehen. Die Masse unter Rühren etwas auskühlen lassen. Dann zurückschieben und erhitzen, bis der Zucker wieder schmilzt und die Mandeln leicht glänzen.

3

Die Mandeln sofort auf ein Backpapier verteilen, mit Gabeln voneinander lösen und auskühlen lassen.

Varianten

Vanille-Mandeln: 1 TL Vanillepaste mit Zucker und Wasser aufkochen.

Schokolade-Mandeln: 2 TL Kakaopulver mit Zucker und Wasser aufkochen (Himbeersaft und Lebensmittelfarbe weglassen).

Churros mit Hot Chocolate

4–6 Portionen

Churros

1,5 dl Wasser

1 dl Olivenöl

1 Prise Meersalz

1 Orange (unbehandelt), Schale

150 g Mehl

2 Eigelb

Heisse Schokolade

2,5 dl Rahm

2,5 dl Milch

2 Zimtstängel

300 g dunkle Schokolade (70 % Kakaogehalt), gehackt

1,25 dl trockener Sherry

3–4 EL Kondensmilch

Öl oder Fett zum Frittieren

50 g Zucker

1 TL Zimt, gemahlen

Churros

1

Wasser, Olivenöl, Salz und Orangenschale aufkochen. Herdplatte ausschalten und Mehl im Sturz beifügen, rühren, bis sich der Teig vom Pfannenboden löst. Einige Minuten weiterrühren, damit möglichst viel Wasser verdampft.

2

Ein Eigelb nach dem anderen dazugeben und kräftig unter den Teig mischen. In einen Spritzbeutel mit Zackentülle (13 mm Durchmesser) geben und kalt stellen.

Heisse Schokolade

3

Rahm, Milch und Zimtstängel unter Rühren aufkochen und 15 Minuten bei kleiner Hitze ziehen lassen. Zimtstängel entfernen und Schokolade in einen Krug geben. Die heisse Zimtmilch darübergiessen und glatt rühren. Zum Schluss Sherry und Kondensmilch beifügen.

4

Öl oder Fett auf 180 Grad erhitzen. Den Churrosteig im Spritzbeutel in 8 cm lange Stücke auf ein Backpapier spritzen. Portionenweise im heissen Fett 3 bis 4 Minuten golden ausbacken. Mit einer Schaumkelle herausnehmen und auf einem Küchenpapier abtropfen lassen.

Servieren

Zucker und Zimt mischen, über die Churros streuen. Mit heisser Schokolade servieren.

Tipp

Kann süss oder salzig (Zimtzucker weglassen) serviert werden. Schmeckt zum Frühstück, als Snack oder Mitternachtsimbiss.

swiss
vodka
distilled and bottled
in Switzerland
40% vol. 70 cl
Angelica
(Root) From Saxony
Coriander
(Seeds) From Morocco
Cassia Bark
From Indo-China
Cubeb Berries
From Java
Melons en morceaux
175g
Melonen-
schnitze

Schokolade-Pralinen

30–35 Stücke

2,5 dl Rahm

Aroma – (z.B. 2 EL Teeblätter, 1/2 TL roter Pfeffer, grob zerstossen, 1/8 TL Chiliflocken, 1 TL Lavendelblüten, getrocknet)

250 g dunkle Schokolade (70 % Kakaogehalt), gehackt

500 g dunkle Couvertüre, gehackt

Kakaopulver

1

Rahm aufkochen, Aroma (z.B. Teeblätter, Pfeffer etc.) beifügen, Herdplatte ausschalten und 5 Minuten ziehen lassen. Schokolade in eine Schüssel geben, den Rahm nochmals aufkochen und durch ein Sieb zur Schokolade giessen. Rühren, bis die Schokolade geschmolzen ist.

Zugedeckt auskühlen lassen, bis die Pralinenmasse formbar wird. Dann mit dem kleinsten Eislöffel nussgrosse Portionen abstechen, von Hand rund formen und anschliessend kalt stellen.

2

250 g Couvertüre im Wasserbad schmelzen (nie über 32 Grad warm werden lassen), restliche Couvertüre beifügen und rühren, bis sie geschmolzen ist. Pralinen mit der Spiralgabel (Pralinengabel) in die flüssige Couvertüre tauchen, herausnehmen und auf dem Gitter antrocknen lassen. Schliesslich in Kakaopulver drehen und fest werden lassen.

5 Tage haltbar.

Variante

Für klassische Truffes die getauchten Pralinen auf dem Gitter leicht antrocknen lassen (bis die Couvertüre anfängt, matt zu werden), dann mit der Pralinengabel hin und her bewegen, bis es rundum die typischen Spitzen gibt.

Fudge

800 – 900 g

1 EL Butter, kalt

3 dl Rahm

600 g Zucker

75 g dunkle Schokolade
oder Kakaomasse
(70 – 100 % Kakaogehalt)

60 g Stärkesirup
(«light corn sirup»)

1/4 TL Meersalz

1

Quadratische Form von 20x20 cm mit Backpapier auskleiden. Butter in eine ofenfeste Glasschüssel geben und auf einen Untersatz (z.B. Kuchengitter) stellen wegen der Hitze.

2

Rahm, Zucker, Schokolade, Stärkesirup und Salz in eine mittelgrosse Pfanne geben. Ein Zuckerthermometer an der Seite der Pfanne befestigen und bei mittlerer Hitze unter ständigem Rühren aufkochen.

10 Minuten bei kleiner Hitze köcheln lassen. Mit einem feuchten Pinsel den Rand reinigen, damit sich keine Zuckerkristalle bilden. Bis zum weichen Ball (115 Grad) köcheln, was 10 bis 15 Minuten dauert.
Dann in eine Schüssel geben und auf 55 bis 60 Grad auskühlen lassen.

3

Fudge mit einem Holzlöffel 4 bis 5 Minuten kräftig rühren, bis die Masse dicker und heller wird. In die Form verteilen und auskühlen lassen. Zugedeckt 8 Stunden kalt stellen und schliesslich in 2,5 cm grosse Würfel schneiden.

Im Kühlschrank 1 Woche haltbar.

Variante

Schokolade weglassen, dafür 1 TL Vanillepaste oder 2 TL Vanille-Extrakt beifügen.

Duchesses («Macarons»)

45 Stücke

Meringuemasse (nach italienischer Art)

200 g Zucker

0,5 dl Wasser

3 Eiweiss

50 g Puderzucker

1 TL Vanillinzucker

Füllung

100 g dunkle Schokolade (70 % Kakaogehalt), gehackt

10 g Butter, weich

100 g Puderzucker

1 Eiweiss

2 EL Brandy oder Rum

Meringuemasse

1

Zucker und Wasser unter Rühren 5 bis 7 Minuten kochen (Zuckerthermometer: weicher Ballen). Dann den Zuckersirup im heissen Wasserbad warm halten, um Krustenbildung zu verhindern.

2

Eiweiss steif schlagen, Puderzucker und Vanillinzucker beifügen und kurz weiterschlagen. Den heissen Zuckersirup im dünnen Strahl unter ständigem Schlagen (in der Küchenmaschine geht das am besten) dazugiessen.

3

Eischnee in einen Spritzbeutel mit glatter Tülle (10 bis 12 mm Durchmesser) füllen. Nussgrosse Portionen auf ein mit Backpapier belegtes Blech spritzen.

In der Mitte des auf 100 Grad vorgeheizten Backofens 70 bis 90 Minuten bei leicht geöffneter Backofentüre backen. Dann Temperatur ausschalten, Duchesses bei offener Türe 5 Minuten ausbacken. Anschliessend herausnehmen und auf ein feuchtes Küchentuch ziehen, damit sie sich gut ablösen lassen.

Füllung

4

Schokolade und Butter im warmen Wasserbad schmelzen. Aus dem Wasserbad nehmen und Puderzucker, Eiweiss und Brandy oder Rum beifügen, mischen. Kalt stellen, bis die Füllung streichfest ist. Jeweils zwei Duchesses mit der Füllung zusammenkleben.

Karamellpudding

Ringform von 20–22 cm Durchmesser

150 g Zucker

5 EL Wasser

4 Eier, getrennt

200 g Kondensmilch, gezuckert

2,5 dl Milch

1 TL Vanillepaste

1 Prise Meersalz

Rahm, geschlagen,
zum Servieren

1

Die Ringform von 20 bis 22 cm Durchmesser vorwärmen. Zucker mit Wasser unter Rühren aufkochen, bis sich der Zucker aufgelöst hat. Bei kleiner Hitze karamellisieren. In die heisse Form giessen und unter Wenden Boden und Wand überziehen.

2

Eigelb mit Kondensmilch, Milch und Vanillepaste verrühren. Eiweiss mit Salz steif schlagen und locker darunterziehen. In die Form geben, zudecken und ins heisse Wasserbad stellen.

Dann auf der untersten Schiene in den auf 175 Grad vorgeheizten Backofen schieben und 50 bis 60 Minuten ziehen lassen. Herausnehmen, erst auskühlen und dann über Nacht zugedeckt kalt stellen.

Servieren

Form kurz in heisses Wasser stellen, dann Pudding stürzen und mit geschlagenem Rahm servieren.

Schwarzwälder Kirschtorte

Getränktes 3-Milch-Biskuit

Orangen-Nuss-Cake

Tarte au citron

Grüntee-Cake
mit Teesirup getränkt

Cheesecake

Gugelhupf

Pavlova

Sachertorte

Topfenstrudel

Ach, sei doch nicht so, Liebster. Schau, was ich hier Schönes habe. Mmmm… Augen zu und Mund auf. Nicht?
Ich weiss, warum du so bist. Sie haben dich wieder ausgelacht, die Kollegen im Büro. Du hast ja ganz schön zugelegt, sagen sie, seit du MIT IHR zusammen bist. Ist das ein Rettungsring, den du um den Bauch trägst, oder freust du dich bloss, uns zu sehen?
Sie lachen und du ziehst am Pullover. Ja, das nützt jetzt auch nichts mehr, rufen sie. Ja, so schnell gehts! lachen sie. So schnell gehts eben, wenn man domestiziert wird!
Sei nicht traurig, Liebster. Sie wissen nicht, wie schön wir es haben. Oder sie wissen es und gönnen es dir nicht. Keiner von denen wird zuhause so empfangen, glaube mir. So empfangen wie du.
Du kommst zur Tür herein und schaust traurig, da du mittags nichts gegessen hast und da die anderen ohne dich zum Bier gegangen sind. Musst du nicht nach Hause, ZU IHR, haben sie gelästert. Schon klar, auf sie wartet ja niemand. So wie ich auf dich warte, zu Hause. Und schau, was ich hier habe. Nein, mach die Augen zu. Mmm… Augen zu und Mund auf, Liebster!

Milena Moser, 2006

diet killers

Schwarzwälder Kirschtorte

Springform von ca. 26 cm Durchmesser

Schokoladenbiskuit

175 g Zucker

5 Eier, getrennt

5 EL Wasser, lauwarm

1 TL Vanillepaste

1 Prise Salz

150 g Mehl

75 g Speisestärke

50 g Kakaopulver

2 TL Backpulver

60 g Butter, flüssig

Füllung 1

1,5 dl Kirschensaft

1 kleine Zimtstange

2 Nelken

1 gehäufter EL Speisestärke, mit etwas Saft angerührt

500 g Sauerkirschen aus dem Glas (Abtropfgewicht)

Sirup

60 g Zucker

0,6 dl Kirsch (Obstbrand)

Füllung 2 und Garnitur

7,5 dl Rahm

75 g Zucker

16 kandierte Kirschen

100 g dunkle Schokoladeraspel (70 % Kakaogehalt)

Backpapier und etwas Butter zum Einfetten

Schokoladenbiskuit

1

Boden einer Springform mit Backpapier belegen und den Rand buttern. 125 g Zucker, Eigelb, Wasser und Vanillepaste schaumig rühren. Eiweiss mit Salz steif schlagen. Den restlichen Zucker einrieseln lassen und weiterschlagen, bis die Masse steif wird.

Mehl, Stärke, Kakao und Backpulver mischen. Lagenweise mit dem Eischnee auf die Schaummasse geben, locker darunterziehen. Dann Butter rasch darunterheben und sofort in die Form füllen. Im unteren Teil des auf 190 Grad vorgeheizten Backofens 30 bis 40 Minuten backen. Herausnehmen und auskühlen lassen. Dann aus der Form lösen und auf ein Gitter stürzen.

Füllung 1

2

Den Kirschensaft mit Zimt und Nelken erhitzen. Die Gewürze entfernen. Die angerührte Stärke unter Rühren beifügen und aufkochen. Kirschen dazugeben, aufkochen, von der Herdplatte ziehen und auskühlen lassen.

Sirup

3

Den Zucker mit wenig Wasser aufkochen, von der Herdplatte ziehen und den Kirsch beifügen. Das Schokoladenbiskuit waagrecht in drei gleich dicke Teile schneiden. Den Biskuitboden mit 1/3 Sirup beträufeln.

Füllung 2 und Garnitur

4

Rahm mit Zucker steif schlagen, 2/3 davon in einen Spritzbeutel mit glatter Tülle geben und 3 Kreise auf den getränkten Biskuitboden spritzen. Die Zwischenräume mit Kirschkompott füllen. Das mittlere Biskuit darauflegen und mit der Hälfte des restlichen Sirups tränken. Ebenfalls mit Rahm und Kirschkompott bedecken. Den Biskuit-Deckel darauflegen, mit restlichem Sirup tränken. Oberfläche und Tortenrand dick mit Rahm überziehen.

5

Den restlichen Rahm in einen Spritzbeutel mit Zackentülle geben. Den Tortenrand mit Rahmrosetten verzieren und mit kandierten Kirschen garnieren. Dann Oberfläche und Rand dicht mit Schokoladenraspeln bestreuen und Torte bis zum Servieren kalt stellen.

Getränktes 3-Milch-Biskuit

Springform von 24 cm Durchmesser oder quadratische Form von 22 x 22 cm

Sirup

1 Dose gezuckerte Kondensmilch, 400 g

1 dl Rahm

1 dl Milch

0,5 dl Kokosmilch

0,3 dl Rum

Teig

100 g Butter

1/2 TL Vanillepaste

65 g Mehl

55 g Speisestärke

1/4 TL Salz

5 Eier

100 g Zucker

Sirup

1

Kondensmilch, Rahm, Milch, Kokosmilch und Rum verrühren. Zugedeckt kalt stellen.

Teig

2

Form mit Backpapier auskleiden. Butter schmelzen. Bei kleiner Hitze köcheln, bis sie leicht braun wird. Von der Herdplatte ziehen und auskühlen lassen. Vanillepaste beifügen und mischen. Mehl, Speisestärke und Salz vermengen.

3

Eier und Zucker im warmen Wasserbad oder in der Küchenmaschine auf das Doppelte aufschlagen. Das Mehlgemisch dazusieben und locker darunterheben. Butter am Schüsselrand entlang zum Teig giessen, dann rasch und locker darunterheben.

In die Form verteilen und Cake im unteren Teil des auf 175 Grad vorgeheizten Ofens 30 bis 40 Minuten backen. Biskuit herausnehmen und 5 Minuten auskühlen lassen.

4

Biskuit mit einem Spiesschen dicht einstechen. Aus der Form stürzen, Papier entfernen und die Unterseite ebenfalls dicht einstechen. In die Form zurückgeben. 2/3 des Sirups darübergiessen und zugedeckt kalt stellen, bis der Sirup vollständig eingezogen ist.

Servieren

Das Biskuit in Stücke schneiden und mit restlichem Sirup servieren.

Orangen-Nuss-Cake

Cakeform von 30 cm Länge oder 1 Springform von 26 cm Durchmesser

Cake

2–3 Orangen (unbehandelt), ca. 400 g

1 Zitrone (unbehandelt)

250 g Zucker

250 g Paranüsse (Brazil Nuts), gemahlen, leicht geröstet

6 Eier

2 TL Backpulver

1 TL Zimt, gemahlen

1/2 TL Nelkenpfeffer (Piment), gemahlen

Ganache

200 g dunkle Schokolade (70 % Kakaogehalt), gehackt

2 dl Doppelrahm oder Rahm, eiskalt

3–4 EL Kondensmilch

Cake

1

Die Form mit Backpapier auslegen. Zitrusfrüchte (ungeschält) gut waschen und mit kaltem Wasser bedeckt aufkochen. Zugedeckt 50 bis 60 Minuten weich kochen, von der Platte ziehen. Auskühlen lassen und über Nacht kalt stellen.

2

Zitrusfrüchte halbieren, Kerne entfernen und im Mixer (samt Schale) pürieren. Zucker, Nüsse, Eier und Gewürze beifügen, 30 Sekunden weitermixen. Darauf achten, dass alles gut vermischt wird. Mit dem Gummischaber Ränder säubern und weitere 20 Sekunden mixen.

Die Masse in die Form füllen und im unteren Teil des auf 175 Grad vorgeheizten Backofens 50 Minuten backen. Die Nadelprobe machen, herausnehmen und auskühlen lassen. Schliesslich Cake aus der Form lösen.

Ganache

3

Schokolade im warmen Wasserbad schmelzen. Doppelrahm oder Rahm unter Rühren beifügen. Ganache über den Cake verteilen.

Variante

Statt Paranüsse geschälte oder ungeschälte Mandeln verwenden.

Tipp

Schmeckt auch ohne Schokolade-Ganache hervorragend. Gut zum Cake passt auch geschlagener Rahm mit Amaretto.

Tarte au citron

Blech mit 26 – 28 cm Durchmesser

Teig

250 g Mehl

100 g Zucker

1 Prise Meersalz

1 Zitrone (unbehandelt), Schale

100 g Butter, kalt, gewürfelt

1 Ei, verquirlt

Füllung

3 – 4 Zitronen

1 Orange

6 Eier

300 g Zucker

1 – 1,5 dl Rahm oder Doppelrahm

Teig

1

Mehl, Zucker, Salz, Zitronenschale und Butter mischen. Mit einem Küchenmesser feinkrümelig durchhacken. Das Ei beifügen und rasch zu einem Teig zusammenfügen. Den Teig flachdrücken und zugedeckt kalt stellen.

2

Den Teig auf der mit Mehl bestäubten Arbeitsfläche 2 bis 3 mm dick auswallen. Das Blech damit auslegen, den Rand hochziehen und den Boden dicht einstechen. Mit Backpapier bedecken, mit Backsteinen (oder Hülsenfrüchten) beschweren und kalt stellen.

3

Teigboden 10 bis 15 Minuten im unteren Teil des auf 180 Grad vorgeheizten Backofens blind vorbacken. Anschliessend Steine samt Backpapier entfernen. Den Teigboden mit Ei bestreichen, nochmals 5 bis 8 Minuten in den Ofen schieben und backen. Herausnehmen und auskühlen lassen. Die Ofentemperatur auf 150 Grad stellen.

Füllung

4

Zitronen und Orange auspressen. 2 dl Saft abmessen und mit Eiern, Zucker und Rahm oder Doppelrahm mischen. Den Teigboden auf einem Blech in die Mitte des Ofens schieben, dann Füllung durch ein kalt ausgespültes Sieb auf den Teigboden giessen. 30 bis 40 Minuten stocken lassen. Herausnehmen und auskühlen lassen.

Grüntee-Cake mit Teesirup getränkt

Cakeform von 25 cm Länge

Teig

150 g Mehl

1 EL Grünteepulver, 12 – 15 g

1/2 TL Backpulver

5 Eier

150 g Zucker

1 Prise Salz

100 g Butter, flüssig

Sirup

1,5 dl Wasser

2 EL Grünteeblätter

150 g Zucker

Crème fraîche zum Servieren

Teig

1

Cakeform mit Backpapier auskleiden. Mehl, Grünteepulver und Backpulver mischen. Dann Eier, Zucker und Salz im warmen Wasserbad mit den Schneebesen des Handrührgerätes cremig aufschlagen, bis die Masse das Volumen verdoppelt hat. Die Masse von der Platte ziehen.

Das Mehlgemisch daraufsieben, die Butter am Rand der Schüssel hineinträufeln und rasch und locker daruntermischen. In die Form geben und im unteren Teil des auf 180 Grad vorgeheizten Backofens 30 bis 35 Minuten backen. Vor dem Herausnehmen die Nadelprobe machen.

Sirup

2

Das Wasser aufkochen. Dann Teeblätter beifügen, von der Herdplatte ziehen und 2 bis 3 Minuten stehen lassen. Absieben und mit Zucker unter Rühren aufkochen, bis sich der Zucker aufgelöst hat. 5 Minuten köcheln lassen.

3

0,5 dl Sirup abmessen und auskühlen lassen. Den restlichen Sirup warm halten. Den Cake herausnehmen und kurz in der Form auskühlen lassen. Dann mit einer Nadel mehrmals einstechen, mit warmem Sirup beträufeln und vollständig auskühlen lassen. Schliesslich aus der Form stürzen.

4

Crème fraîche mit beiseite gestelltem Sirup verrühren, zugedeckt kalt stellen. Zum Teecake servieren.

Cheesecake

Springform von 20–22 cm Durchmesser

Teig

150 g Mehl

50 g Zucker

1/2 Zitrone (unbehandelt), Schale

125 g Butter, gewürfelt

1 grosses Eigelb

1/2 TL Vanillepaste

Füllung

600 g Doppelrahmfrischkäse (z.B. Philadelphia)

150 g Zucker

1 Orange (unbehandelt), Schale

1 Zitrone (unbehandelt), Schale

1 TL Vanillepaste

3 grosse Eier

1 grosses Eigelb

Belag

300 g Sauerrahm

50 g Zucker

1/2 TL Vanillepaste

Mehl zum Auswallen

Butter für die Form

Teig

1

Mehl, Zucker, Zitronenschale und Butter feinkrümelig durchhacken. Eigelb und Vanillepaste dazugeben, mischen und rasch zu einem Teig zusammenfügen. Zugedeckt 60 Minuten kalt stellen. Den Formenboden mit Backpapier auskleiden und den Rand buttern.

Füllung

2

Zutaten von Doppelrahmfrischkäse bis und mit Vanillepaste verrühren. Eier und Eigelb nacheinander beifügen, glatt rühren. Anschliessend kalt stellen.

3

Die Hälfte des Teiges 3 mm dick rund auswallen. Auf den Springformboden legen und zuschneiden. Boden dicht einstechen. In der Mitte des auf 200 Grad vorgeheizten Backofens 10 bis 12 Minuten backen. Herausnehmen und auskühlen lassen. Ofentemperatur auf 170 Grad stellen.

4

Springformrand um den Boden schliessen. Den restlichen Teig zu einer Rolle formen, am Rand entlang auf den gebackenen Boden legen, von Hand andrücken und hochziehen. Die Springform in den unteren Teil des Ofens schieben und Füllung randhoch hineingiessen. 50 bis 60 Minuten backen. Dann herausnehmen und 15 Minuten auskühlen lassen. Ofen nicht ausschalten.

Belag

5

Sauerrahm, Zucker und Vanillepaste verrühren, auf den Cheesecake giessen und in den Ofen zurückschieben. 10 bis 15 Minuten backen, herausnehmen und auskühlen lassen. Schliesslich aus der Springform lösen und bis zum Servieren kalt stellen.

Gugelhupf

Gugelhupfform von 2,5 L Inhalt

Teig

100 g kleine Rosinen (schwarz)

2–3 EL Rum oder Zitronensaft

1 Zitrone (unbehandelt), Schale

375 g Mehl

125 g Speisestärke

2 EL Backpulver

3 EL Mandeln, gerieben

250 g Zucker

1/2 TL Meersalz

4 Eier, temperiert

2,5 dl Rahm oder Milch, lauwarm

1 TL Vanillepaste

250 g Butter, flüssig, ausgekühlt

50 g dunkle Schokolade, gehackt

Butter für die Form

Zucker oder Reismehl zum Ausstreuen

Puderzucker zum Bestäuben

Teig

1

Rosinen mit Rum oder Zitronensaft und -schale mischen. Zugedeckt quellen lassen. Die Form mit Butter ausstreichen, mit Zucker oder Reismehl ausstreuen und kalt stellen.

2

Mehl, Stärke, Backpulver, Mandeln, Zucker und Salz mischen. Eier mit Milch und Vanillepaste mischen. Unter Rühren zum Mehlgemisch geben. Butter nach und nach dazugeben und glattrühren.

3

Rosinen und Schokolade unter den Teig mischen. In die Form füllen und mehrmals auf eine Unterlage klopfen, damit es keine Luftlöcher gibt.

4

50 bis 60 Minuten im unteren Teil des auf 200 Grad vorgeheizten Ofens backen. Backofen ausschalten, Türe öffnen und Gugelhupf 10 Minuten stehen lassen. Dann herausnehmen, auf ein Gitter stürzen und noch warm mit Puderzucker bestäuben, anschliessend auskühlen lassen.

Pavlova

4–6 Portionen

Meringue

4–5 Eiweisse (ca. 175 g)

1/4 TL Weinstein (Cream of Tartar)

1 Prise Salz

250 g Zucker

1 1/2 TL Speisestärke

1 TL Vanille-Extrakt

2 TL Estragonessig

1 Lime, Schale

1 TL Limesaft

Garnitur

2,5 dl Rahm

200 g Mascarpone

1 EL Puderzucker

1 TL Vanillepaste

ca. 400 g Beeren (z.B. Erdbeeren, Brombeeren, Himbeeren, Loganberries, Blueberries etc.)

Butter

Speisestärke

Puderzucker

1

Blech mit Backpapier belegen und einen Kreis von 20 cm Durchmesser aufzeichnen. Leicht buttern und mit Speisestärke bestäuben. Backofen auf 175 Grad vorheizen.

Meringue

2

Eiweiss mit Weinstein und Salz steif schlagen. Die Hälfte des Zuckers einrieseln lassen und weiterschlagen, bis die Masse glänzt und die Zuckerkristalle sich aufgelöst haben.

Den restlichen Zucker, Speisestärke, Vanille-Extrakt, Essig, Limeschale und -saft beigeben, mischen. Anschliessend weiterschlagen, bis die Masse steif ist und Spitzen bildet.

3

Meringuemasse auf dem vorgezeichneten Kreis verteilen und mit dem Spachtel zu einer gleichmässigen Torte formen. In den unteren Teil des Ofens schieben und die Temperatur auf 140 Grad stellen.

Pavlova ca. 60 Minuten backen, dabei die Backofentüre mit einem Holzspiess einen spaltbreit offen halten. Im ausgeschalteten Ofen komplett auskühlen lassen.

Garnitur

4

Kurz vor dem Servieren Rahm steif schlagen. Mascarpone mit Puderzucker und Vanillepaste glattrühren und den Rahm darunterziehen. Auf der Pavlova verteilen und Beeren daraufhäufen. Mit Puderzucker bestäuben und sofort servieren.

Sachertorte

Springform von 24 cm Durchmesser

Teig

150 g dunkle Schokolade (60 % Kakaogehalt), gehackt

200 g Butter, weich

200 g Zucker

10 Eier, getrennt

100 g Mehl

50 g Kakao

50 g Haselnüsse, gemahlen

1 Prise Salz

Glasur 1

125 g Aprikosenkonfitüre

1 TL Zitronensaft

Glasur 2

1,5 dl Rahm

1 EL Akazienhonig

300 g dunkle Schokolade (60 % Kakaogehalt), gehackt

Backpapier

Butter

50 g Milchschokolade

Rahm, geschlagen, zum Servieren

Teig

1

Springformboden mit Papier auskleiden und den Rand buttern. Schokolade im Wasserbad schmelzen, auskühlen lassen. Dann die Butter weich rühren, 70 g Zucker beifügen und schaumig schlagen. Schokolade und ein Eigelb nach dem anderen dazugeben, dabei ständig rühren. Mehl, Kakao und Haselnüsse mischen.

2

Eiweiss mit Salz steif schlagen. Den restlichen Zucker einrieseln lassen und weiterschlagen, bis die Masse fest wird und glänzt. 1/3 davon unter die Schaummasse geben. Den Rest lagenweise mit Mehlgemisch daraufgeben, locker darunterheben.

In die Form füllen und im unteren Teil des auf 180 Grad vorgeheizten Backofens 45 bis 55 Minuten backen. Nach der Nadelprobe herausnehmen, in der Form etwas auskühlen lassen und dann auf ein Kuchengitter stürzen.

Glasur 1

3

Aprikosenkonfitüre, Zitronensaft und 2 EL Wasser unter Rühren köcheln. Durch ein Sieb streichen. Die Oberfläche und den Rand der Torte damit dünn überziehen, trocknen lassen.

Glasur 2

4

Rahm und Honig aufkochen. Die Schokolade beifügen, von der Herdplatte ziehen und rühren, bis sie geschmolzen ist. Über die Torte verteilen und trocknen lassen.

5

Milchschokolade im Wasserbad schmelzen, in ein Spritztütchen geben und die Torte mit «Sacher» beschriften. Mit Rahm servieren.

Topfenstrudel

8 Portionen

Strudelteig

200 g Mehl

1 Prise Salz

1,25 dl Wasser, lauwarm

2 EL Sonnenblumenöl

Füllung

800 g – 1 kg Topfen (Magerquark) oder Ricotta

4 EL Sauerrahm

3 Eier, verquirlt

150 g Puderzucker

2 EL Mehl

2 EL Sultaninen, in heissem Rum eingelegt

1 EL Vanillezucker oder 2 TL Vanillepaste

1 Zitrone (unbehandelt), Schale

1 Prise Salz

Öl zum Bepinseln

Mehl zum Ausrollen

Butter, flüssig

Puderzucker zum Bestäuben

1

Ein Sieb mit einem Mulltuch auslegen. Topfen oder Ricotta hineingeben und 2 bis 3 Stunden zugedeckt im Kühlschrank abtropfen lassen.

Strudelteig

2

Zutaten für den Strudelteig zu einem geschmeidigen Teig verkneten. Diesen zu einer Kugel formen und mit Öl bepinseln. Zugedeckt 30 Minuten bei Raumtemperatur ruhen lassen.

Füllung

3

Abgetropfter Topfen oder Ricotta mit den übrigen Zutaten rasch mischen (nicht zu stark rühren). Den Strudelteig auf Mehl rechteckig auswallen. Dann von Hand dünn ausziehen, auf ein Küchentuch geben und mit flüssiger Butter bestreichen.

Die Füllung darauf verteilen, dabei rundherum einen 2 cm breiten Rand frei lassen. Die Seiten einschlagen, mit Hilfe des Tuches satt aufrollen. Mit der Naht nach unten bogenförmig in eine ausgebutterte ofenfeste Form geben. Mit Butter bepinseln.

4

Den Strudel in der Mitte des auf 180 bis 190 Grad vorgeheizten Backofens 40 bis 45 Minuten backen. Im noch warmen Zustand mit Puderzucker bestäuben.

Tipp

Strudelteig kann fertig gekauft werden. Meistens sind 4 Blätter in einer Packung: Jeweils zwei aufeinanderlegen und 2 Strudel formen.

Berry Jam

Flapjack

Dulce de Leche (Milchkonfitüre)

Schokolade-Brezeln

Lemon Curd

Kalter Hund

Pomme d 'Amour

Baumnuss-Zwieback-Cake

Pain Perdu

Granola

Liebeskummer und so weiter… Da fällt mir natürlich als Erstes Gin Tonic ein: ein süsser, verlässlicher Aufmunterer in fast allen Lebenslagen nach 17 Uhr. Wenn es ums nackte Überleben der in weiblichen Biografien vorgesehenen Zentraleckdaten – Liebeskummer, Jobverlust, Liebeskummer, Schwiegerelternerstbesuch, Liebeskummer, Kindsgeburt, Celluliteerstsichtung, Liebeskummer und so weiter – geht, bewährt sich Gin Tonic stets als überaus hilfreicher Tröster.
Also bitte, ich kann aber natürlich auch alkoholfrei glücklich werden. Mein optimales Care-Paket zum Überleben in emotionalen Notsituationen enthält: einen grossen Karton Luxemburgerli (7 Teile Champagner, 1 Teil Haselnuss, 1 Teil Vanille und ein 1 Teil Himbeere). Rote, und wirklich ausschliesslich rote, Lindor-Kugeln. Ein paar Cailler-Riegel (bei Schokolade habe ich einen einfachen, aber bewährten Geschmack).
Der Rest ist, auch wenn mir da Haribo widersprechen würde, Trash: Gelee-Pfirsiche bitte, noch mehr Gelee-Pfirsiche, eine ausreichende Anzahl Tropifrutti und dann noch ein paar Gelee-Pfirsiche, schliesslich, zum krönenden Abschluss, ein tüchtiges Stück italienische Wildschwein-Salami, denn nach all dem Süssen verlangts mich heftig nach deftig. Wenn schon glücklich werden, dann richtig. So gesehen, wär jetzt ein Gin Tonic nicht schlecht.

Doris Knecht, 2007

survival kit

Berry Jam (ungekocht)

2 Gläser von 2,5 dl Inhalt

300 g reife Beeren, (z.B. Himbeeren, Erdbeeren)

300 g Gelierzucker

wenig Limoncello (Zitronenlikör aus Amalfi/ Süditalien)

1

Beeren verlesen, jedoch keinesfalls waschen. Mit Gelierzucker mischen, zerdrücken und einige Stunden oder über Nacht zugedeckt Saft ziehen lassen.

2

Die Beeren-Zucker-Masse im Mixerglas 10 Minuten auf mittlerer Stufe mixen, bis sich die Masse erwärmt. In der Zwischenzeit die Gläser gründlich reinigen, mit kochendheissem Wasser ausspülen und warm halten.

Das Beerenpüree mit Limoncello abschmecken, in die Gläser füllen, mit Cellophan oder Deckel verschliessen und auskühlen lassen. 1 bis 2 Monate im Kühlschrank haltbar.

Berry Jam (gekocht)

2 Gläser von 2,5 dl Inhalt

500 g reife Erdbeeren

3 – 4 EL alten Aceto Balsamico oder Apfelbalsamessig

400 g Zucker

1 EL Zitronensaft

1

Beeren verlesen, jedoch keinesfalls waschen. Mit den übrigen Zutaten mischen, zerdrücken und einige Stunden oder über Nacht zugedeckt Saft ziehen lassen.

2

Die Beeren-Zucker-Masse unter Rühren langsam aufkochen. 15 Minuten sprudelnd kochen lassen oder solange, bis die Konfitüre den Gelierpunkt erreicht.

3

In der Zwischenzeit die Gläser gründlich reinigen, mit kochendheissem Wasser ausspülen und warm halten. Konfitüre in die Gläser füllen, mit Cellophan oder Deckel verschliessen und auskühlen lassen. 1 bis 2 Monate im Kühlschrank haltbar.

Baies rose
22g
Rosa
Water
Wasser mit

Flapjack

4 – 6 Portionen

140 g Weissmehl

100 g Vollkorn- oder Ruchmehl

40 g Haferflocken, fein

4 – 5 EL feines Mais- oder Weizengriess

2 EL Zucker

2 TL Backpulver

1 TL Salz

1/2 TL Baking Soda (Backpulver aus Natriumbicarbonat), optional

Zimt und Muskatnuss, gemahlen

3,5 dl Milch

50 g Butter, flüssig

3 – 4 EL Akazienhonig

3 Eier

Butter zum Braten

Honig oder Ahornsirup und Cottage Cheese zum Servieren

1

Mehlgemisch mit Haferflocken, Griess, Zucker, Backpulver, Salz, Baking Soda und Gewürzen mischen. Milch mit Butter, Honig und Eiern verquirlen. Unter Rühren zur Mehlmischung giessen und zugedeckt 60 Minuten bei Raumtemperatur quellen lassen.

2

Den Teig portionenweise in heisser Butter zu Pfannkuchen ausbacken. Sobald die Oberfläche Blasen wirft und trockene Stellen aufweist, wenden. Die zweite Seite nur kurz braten.

Pfannkuchen herausnehmen, auf einem Teller stapeln und im Ofen warm halten. Mit Honig oder Ahornsirup und Cottage Cheese servieren.

Dulce de Leche (Milchkonfitüre)

3–4 Gläser à 2,5 dl

2 L Vollmilch

1 kg Zucker

2 TL Vanillepaste

1 Prise Baking Soda (Backpulver aus Natriumbicarbonat)

1

Milch mit Zucker, Vanillepaste und Baking Soda unter Rühren aufkochen. Bei mittlerer Hitze köcheln lassen, bis sich der Zucker aufgelöst hat. Dann 2 bis 2,5 Stunden weiterköcheln, bis eine dicke, karamellfarbene Creme entsteht. Von Zeit zu Zeit rühren.

2

Gläser gründlich waschen, heiss spülen und warm halten. Die heisse Milchkonfitüre in die Gläser verteilen und verschliessen.

3 bis 4 Monate an einem dunklen, kühlen Ort haltbar.

Variante

Aus dem Vorrat: Mit einer Aale ein Loch in 1 Dose gezuckerte Kondensmilch à 400 g Inhalt machen. Diese in eine Pfanne mit heissem Wasser stellen. Während 2 bis 3 Stunden köcheln und anschliessend auskühlen lassen. Kalt servieren.

Tipp

Die Milchkonfitüre kann man aufs Brot streichen, zu Butterkeksen servieren, als Sauce für Eis oder als Füllung für Rouladen oder Tartes verwenden.

Schokolade-Brezeln

250 g Schokolade, weiss oder dunkel, gehackt

1 TL Butter

1 Paket Apéro-Salzbrezeln (die etwas grösseren)

Nonpareilles (farbige Zuckerperlen)

1

Die Schokolade mit Butter im warmen Wasser schmelzen. Dann die Salzbrezeln mit einer Pralinengabel in die Schokolade tauchen, herausnehmen und auf Backpapier trocknen lassen. Nonpareilles darüberstreuen, solange die Glasur noch feucht ist.

Tipp

Für süss-salzige Attacken. Nachts oder tagsüber.

Lemon Curd

300 g

- 6 grosse, frische Eigelbe
- 4 Zitronen (unbehandelt), Schale sehr fein abgerieben
- 5–6 Zitronen, Saft
- 150–200 g Zucker
- 200 g Butter

1

Alle Eigelbe mit Zitronenschale, -saft und Zucker unter Rühren langsam erhitzen. Ständig rühren und darauf achten, dass die Masse auch am Rand gerührt wird. Sobald die Creme dick wird (den Löffelrücken überzieht), von der Herdplatte ziehen. Dies dauert etwa 20 Minuten.

2

Die Creme durch ein kalt ausgespültes Sieb giessen. Butter stückweise beifügen und rühren, bis sie geschmolzen ist. Lemon Curd in ein sauber gespültes Glas geben und eine Folie direkt auf die Oberfläche legen (verhindert Hautbildung), dann mit einem Deckel verschliessen.

1 bis 2 Wochen im Kühlschrank haltbar.

Tipp

Lemon Curd schmeckt als Füllung für Rouladen, Biskuits, Zitronentörtchen oder dick auf Ruchbrotscheiben oder Butterkekse gestrichen.

Kalter Hund

Cakeform (aus Glas) von 25 cm Länge

300 g dunkle Schokolade (70% Kakaogehalt), gehackt

5 – 6 EL Rahm

150 g Butter, in Würfeln

100 g Puderzucker

1 TL Vanillepaste oder
1 TL sofortlöslicher Kaffee

1 Paket Petit Beurre (200 – 220 g)

Geschlagener Vanille-Rahm oder Moccasauce zum Servieren

1

Schokolade mit Rahm im warmen Wasserbad schmelzen. Aus dem Wasserbad nehmen und glatt rühren. Butter, Puderzucker und Vanillepaste oder Kaffee beifügen.

2

Form mit Folie auskleiden. Petit Beurre grob zerkleinern und rasch unter die Schokoladenmasse mischen. Sofort in die Form geben und die Oberfläche glatt streichen. Zugedeckt im Kühlschrank fest werden lassen.

Servieren

Den Kuchen herausnehmen und in Scheiben schneiden. Mit Rahm oder Sauce servieren.

Variante

Statt Petit Beurre: Sablés oder andere Butterkekse verwenden. Rustikaler sind Crispies oder Cornflakes.

Pomme d'Amour

4 Stücke

Zucker für das Blech

4 Äpfel (z.B. Granny Smith, Gala, McIntosh)

4 Zimtstängel

Zuckerglasur

550 g Zucker

0,65 dl Wasser

1 TL Weissweinessig

1 TL rote Lebensmittelfarbe

1

Ein Blech mit Zucker bestreuen. Äpfel waschen und gut trocken reiben. Zimtstängel beim Stiel hineinstecken.

Zuckerglasur

2

Zucker in eine ofenfeste Form geben und in der Mitte des auf 150 Grad vorgeheizten Backofens 15 bis 20 Minuten erwärmen.

3

Wasser, Essig und Lebensmittelfarbe in einer Pfanne mit etwa 15 bis 20 cm Durchmesser aufkochen. Heissen Zucker beifügen und unter Rühren sprudelnd kochen lassen. Dabei regelmässig die Zuckerkristalle am Rand der Pfanne mit einem nassen Pinsel wegwischen. Nach ca. 10 Minuten sollte der Zucker 155 Grad auf dem Zuckerthermometer aufweisen.

4

Die Äpfel am Zimtstiel in den kochenden Sirup tauchen und unter langsamem Drehen mit der Zuckerglasur überziehen. Anschliessend auf das Blech mit dem Zucker setzen und fest werden lassen.

1 bis 2 Tage haltbar, je nach Luftfeuchtigkeit. Nicht einwickeln, sondern nur mit Cellophan locker einhüllen.

Variante

400 bis 500 g weiche Karamell mit 2 EL Wasser warm und flüssig werden lassen. Holzspiess oder langen Zimtstängel beim Apfelstiel hineinstecken. Äpfel in das flüssige Karamell tauchen und auf Backpapier fest werden lassen.

Baumnuss-Zwieback-Cake

50–60 Stücke

Cakeform von 25 cm Länge

3 Eiweiss (ca. 90 g)

1 Prise Salz

110 g Zucker

100 g Mehl

100 g Baumnüsse, in Hälften oder Vierteln

1

Cakeform mit Backpapier auskleiden. Eiweiss mit Salz steif schlagen. Dann Zucker einrieseln lassen und weiterschlagen, bis die Masse glänzt. Mehl dazusieben, Baumnüsse beigeben, rasch und locker darunterheben.

Masse in die Form füllen und mehrmals auf eine Unterlage klopfen, damit es keine Luftlöcher gibt. Im unteren Teil des auf 180 Grad vorgeheizten Backofens 45 bis 55 Minuten backen. Herausnehmen und auskühlen lassen. Schliesslich aus der Form lösen.

2

Nusscake mit einem feinen Zackenmesser in sehr feine Scheiben schneiden und nebeneinander auf ein mit Backpapier belegtes Blech legen. In der Mitte des auf 100 Grad vorgeheizten Backofens 15 bis 20 Minuten backen, bis die Scheiben golden und knusprig sind.

In einer Dose gut verschlossen 2 Wochen haltbar.

Tipp

Cake am Vortag zubereiten, dann lassen sich die Scheiben dünner schneiden. Schmeckt gut zu Eis oder Milchshakes.

Pain Perdu

4 Portionen

4 Scheiben altbackenes Brot, 2–3 cm dick geschnitten

Guss

4 frische Eier

2 dl Milch

1 TL Vanillepaste

1 Messerspitze Zimt, gemahlen

Je 1 Prise Salz und Muskatnuss, frisch gemahlen

Butter und Sonnenblumenöl zum Braten

Flüssiger Honig, Ahornsirup oder Früchtekompott zum Servieren

Guss

1

Eier mit Milch, Vanillepaste und Gewürzen verquirlen. Die Brotscheiben nebeneinander in eine flache Platte legen. Eiermilch darübergiessen und 10 Minuten quellen lassen. Brot wenden, weitere 10 Minuten stehen lassen.

2

Kurz vor dem Servieren Brot im Butter-Öl-Gemisch unter Wenden goldbraun braten. Mit Honig, Ahornsirup oder Früchtekompott servieren.

Varianten

Statt Milch Halbrahm oder Buttermilch Nature verwenden.

Statt Brot Zopf oder Panettone verwenden.

Gefüllt: Die Brote so einschneiden, dass eine Tasche entsteht. Je 1 Viertel Banane (einmal längs, einmal quer halbiert) in die Tasche stecken und wie im Rezept weiterfahren.

Granola (Knusper-Flockenmischung auf Vorrat)

750 g

2 Tassen (Grösse ca. 2 dl) Flocken (z.B. Hafer, Gerste, Dinkel)

1 Tasse Mandeln, gehackt

1/4 Tasse Weizenkeime, geröstet

1/4 Tasse Sonnenblumen- oder Kürbiskerne

1–2 EL Samen (z.B. Sesam, Leinsamen)

1/2 TL Zimt, gemahlen

Ingwer, Muskatnuss oder Macis (Muskatblüte), gemahlen

wenig Vanillepulver, optional

100 g Butter, flüssig

1/2 Tasse Akazienhonig oder Melasse

1/2 Tasse Trockenfrüchte (z.B. Sultaninen, Weinbeeren, Cranberries)

1/2 Tasse Kokosflocken oder gemahlene Nüsse, geröstet

1

Flocken, Mandeln, Weizenkeim, Kerne, Samen und Gewürze mischen. Butter und Honig beifügen, mischen. Auf ein mit Backpapier belegtes Blech verteilen. In der Mitte des auf 170 Grad vorgeheizten Backofens 15 bis 20 Minuten golden backen.

Anschliessend herausnehmen, in kleine Stücke (Granola) brechen und mit Trockenfrüchten und Nüssen mischen. In einem Glas gut verschlossen aufbewahren.

Kühl und dunkel gelagert 4 Wochen haltbar.

Variante

Mit reichlich Trockenfrüchten: 3 Tassen Haferflocken mit 1 Tasse Kokosspäne, 1 dl Sonnenblumenöl, 45 g gehackte Baumnüsse, 25 g Mandelsplitter, 30 g Kürbiskerne, 60 g Rohrzucker, 50 g Honig, 1 Messerspitze gemahlener Zimt und 1 Prise Salz mischen, backen (siehe oben). Herausnehmen und auskühlen lassen. Mit 100 g getrockneten Kirschen, 50 g getrockneten Blueberries oder anderen Beeren, 3 getrockneten, geschnittenen Birnen, 50 g getrockneten, geschnittenen Aprikosen und 60 g hellen Sultaninen mischen.

Tipp

Schmeckt gut mit Joghurt, kalter Milch, Vanilleeis, zu Früchten etc.

Miel de

uplifters

- Caipirinha mit Himbeeren und Erdbeeren
- Spiced Ginger Tea
- Gin Tonic mit Gurke
- Nikita Cocktail
- Rosenwasser-Lassi
- Special Campari
- Frozen Tequila Sunrise
- Sangria Smoothie
- Litschi-Martini
- Lime Cordial

Meine liebe Carina,
vielen Dank für das schöne Hochzeitsfoto. Nun sehe ich endlich einmal Deinen Zukünftigen, der ab jetzt Dein Jetziger ist. Manchmal, meine liebe Carina, denke ich, ich werde etwas seltsam, wie ich hier so im Bett liege und nur dann ein wenig aus dem Fenster schauen kann, wenn die Hildegard von nebenan kommt und mir ein zweites und drittes Kissen in den Rücken schiebt. Ich trinke viel, esse wenig und wiege wahrscheinlich soviel, wie ich zu meiner Hochzeit gewogen habe. Versucht Dein Mann auch, wie früher meiner, mit zwei Händen um Deine Taille zu kommen? Nein? Siehst Du, Ihr seid heute ganz anders als wir damals. Wahrscheinlich. Du fragst, wie ich Dein Kleid finde? Ich finde es überraschend schön – dafür, dass es so modern ist.

Ach, meine liebe kleine Carina, Du siehst auf dem Foto aus wie die Frau aus dieser Serie, die immer dienstags auf Pro Sieben lief. Sex and the City, Du weisst, diese Kleine mit den dünnen schönen O-Beinen, welche die Hauptrolle spielte und Schriftstellerin werden wollte und es auch schaffte, irgendwie. Aber mit den Männern schaffte sie es weniger, und je verzweifelter sie wurde, desto mehr wollten auch ihre Haare und Kleider etwas dazu sagen.

Nein, aber, so bist du nicht. Du bist eine Prinzessin, von Kopf bis Fuss, mit schönen und spitzen, rosa Hufen. Du bist am Bauch ein Dornröschen, um die Hüften eine Alice, soeben zurück aus dem Wunderland, und von hinten eine Hollywoodschönheit. Du bist ein Mädchen und eine Frau, Du bist ein Wunsch, in diesem Kleid. Ein verheissungsvoller Wunsch. Und zwischen Euch, Deinem Mann und Dir, ist es doch etwas Ernstes, oder? Und was ich Dich die ganze Zeit schon fragen wollte, warum trägt Dein Mann eigentlich Turnschuhe? Kann man Männern in Turnschuhen trauen?

Ich umarme dich und wünsche Dir und Euch alles Gute.

Deine Oma aus Pfäffikon

Judith Kuckart, 2007

Caipirinha mit Himbeeren und Erdbeeren

2 Drinks

1–2 Limes, in Achtel geschnitten

6 TL Rohrzucker

8–10 Himbeeren

2–4 Erdbeeren,
in Stücke geschnitten

1 dl Cachaça

Crushed Ice (zerstossenes Eis)

1

Limes und Zucker in 2 Gläser verteilen.
Mit einem Stössel zerstossen, bis es gut riecht.

2

Beeren und Cachaça in die Gläser verteilen,
mit Crushed Ice auffüllen. Mit Strohhalmen servieren.

Spiced Ginger Tea

4 Drinks

5 cm frische Ingwerwurzel, geschält

8 dl Quellwasser

3 Zimtstängel oder Cassia (Zimtrinde)

3 Gewürznelken

50 – 100 g Gula jawa (indonesischer Palmzucker, schmeckt leicht geröstet, nach Karamell), fein geschnitten

Eiswürfel zum Servieren

1

Ingwerwurzel mit der Ingwerreibe fein reiben. Dann mit Wasser, Zimt und Gewürznelken aufkochen. Anschliessend halb bedeckt bei kleiner Hitze 10 Minuten ziehen lassen.

2

Palmzucker beifügen und rühren, bis er aufgelöst ist. Ginger Tea durch ein feinmaschiges Sieb passieren. Warm, temperiert oder eiskalt mit Eiswürfeln servieren.

Gin Tonic mit Gurke

2 Drinks

Eiswürfel

0,8 dl Gin (z.B. Hendricks, G'Vine)

2 lange Gurkenstreifen, dünn geschnitten

2 Tonic Water (Schweppes)

1

Eiswürfel in (Rotwein-)Gläser geben.
Gin und Gurke beifügen. Mit Tonic Water aufgiessen.

Variante

Gurke weglassen, dafür je 1 Zitronen- oder Limeschnitz verwenden.

Spiced Nuts

5 bis 6 TL Garam Masala mit 2 EL Rohrzucker, 2 TL Meersalz und 350 g gemischten Nüssen (Cashews, Pekan, Erdnüsse, Macadamia) mischen. 2 EL Öl oder Ghee (klarifizierte Butter) beifügen und mischen. Nüsse auf ein mit Backpapier belegtes Blech verteilen. 10 bis 15 Minuten in der Mitte des auf 175 Grad vorgeheizten Backofens backen. Herausnehmen und auskühlen lassen.

Nikita Cocktail

1 Drink

0,9 – 1 dl Wodka, eisgekühlt

1 Zitronenscheibe

Zucker zum Wenden

Frisch gemahlener Espresso zum Wenden

1

Wodka in ein kleines Glas geben.
Zitronenscheibe erst in Zucker, dann im Kaffee wenden.

Tipp

Erst Zitronenschnitze essen, dann den Wodka in einem Zug nachschütten. Heizt von innen...

Rosenwasser-Lassi

1 Liter

50 g Zucker
wenig kochendheisses Wasser
2 Kardamomkapseln, ersatzweise
2 Prisen Kardamom, gemahlen
400 g Vollmilch-Joghurt, nature
3–4 dl Wasser oder Mineralwasser
1 TL Rosenwasser
getrocknete Rosenblüten

1

Zucker im heissen Wasser unter Rühren auflösen und auf Raumtemperatur auskühlen lassen. Kardamomsamen aus den Kapseln lösen und im Mörser zerstossen.

2

Zuckersirup mit Joghurt verrühren. Wasser oder Mineralwasser unter Rühren nach und nach beifügen, bis das Lassi dickflüssig ist.

Mit Kardamom und Rosenwasser abschmecken. Bis zum Servieren kalt stellen. In vorgekühlten Gläsern anrichten und mit Rosenblüten garnieren.

Special Campari

2 Drinks

Eiswürfel

0,9 dl Campari

0,6 dl Wodka, eisgekühlt

3–4 dl rosa Grapefruitsaft, frisch gepresst

2 Limesschnitze

1

Eis in hohe Gläser verteilen. Campari, Wodka und Grapefruitsaft darübergiessen und umrühren. Mit Limes garnieren.

Varianten

Klassisch: 3 dl frisch gepressten Orangensaft und 0,9 bis 1 dl Campari in hohe Gläser geben. Mit Eiswürfeln auffüllen und mit je 1 Orangenscheibe garnieren.

Marinierte Oliven

200 g Niçoise-Oliven mit wenig Oregano in Olivenöl warm werden lassen. Mit 1 EL gerösteten Sesamsamen bestreuen und lauwarm servieren.

Frozen Tequila Sunrise

2 Drinks

0,4 – 0,5 dl Tequila

80 – 100 g Orangensaft-
konzentrat, gefroren

1 1/2 Tasse (à 2 dl Inhalt)
grob zerstossenes Eis

2 EL Grenadine-Sirup

1 Orangenscheibe, halbiert

1

Hohe Gläser kalt stellen. Tequila, Orangensaftkonzentrat und Eis im Mixer/Blender pürieren. In die Gläser geben, mit Grenadine-Sirup beträufeln und mit der Orange garnieren.

Yellow Popcorn

250 g Popcorn nach Anweisung auf der Packung mit Öl zugedeckt poppen lassen. Mit Garam Masala oder Curry und Meersalz würzen.

Sangria Smoothie

2 Drinks

1/2 – 1 gelber reifer Pfirisch, halbiert, entsteint

1 kleine Pflaume, halbiert, entsteint

2 Erdbeeren

1 – 2 EL Orangensaftkonzentrat, gefroren

2 – 3 EL Zucker

1 dl Weisswein, eiskalt

0,1 – 0,2 dl Cognac oder Brandy

1 1/2 Tassen (à 2 dl Inhalt) zerkleinerte Eiswürfel

1

Früchte und Erdbeeren in Würfel schneiden und anschliessend 20 bis 30 Minuten in den Tiefkühler stellen.

2

Die angefrorenen Früchte und Erdbeeren mit Orangensaftkonzentrat, Zucker, Wein, Cognac oder Brandy und Eiswürfeln im Mixer/Blender mixen. In hohen Gläsern anrichten.

Geröstete Pepitas (Kürbiskerne)

200 g Kürbiskerne auf ein mit Backpapier belegtes Blech verteilen. 10 bis 12 Minuten in der Mitte des auf 175 Grad vorgeheizten Backofens rösten und ein- bis zweimal wenden. Herausnehmen und in eine Schüssel geben. 1 bis 2 TL Olivenöl darüberträufeln und mischen. 1/2 TL Smoky Paprika (geräucherter Paprika), 1/4 TL Rosenpaprika (scharfer Paprika), 1 Prise Chiliflakes und etwas Meersalz darüberstreuen, mischen.

Litschi-Martini

2 Drinks

40 – 50 g Zucker

0,5 dl Wasser

15 – 20 Stück Litschi, aus der Dose abgetropft oder frisch, entsteint

1 – 2 EL Zitronensaft, frisch gepresst

Eiswürfel

1,5 dl Wodka, eisgekühlt

2 – 3 EL Orangenlikör

1

Zucker und Wasser unter Rühren aufkochen. Köcheln lassen, bis sich die Zuckerkristalle aufgelöst haben. Anschliessend in Eiswasser stellen und auskühlen lassen.

2

Litschis mit Zuckersirup pürieren und durch ein Sieb streichen. Mit Eiswürfeln, Wodka und Orangenlikör in einen Shaker geben, kurz schütteln und durchs Sieb in Martini-Gläser giessen.

Lime Cordial

1 Liter

Sirup

6,5 dl Wasser

200 g Zucker

4 – 6 Limes, ausgepresst
(ergibt ca. 1 dl Saft)

Eiswürfel

Bier (nicht dunkel) oder
Club Soda oder Seltzer

Sirup

1

Wasser und Zucker unter Rühren aufkochen. Dann köcheln lassen, bis sich die Zuckerkristalle aufgelöst haben. Von der Herdplatte ziehen und auf Raumtemperatur auskühlen lassen.

2

Limesaft dazugiessen und zugedeckt 3 bis 4 Stunden kalt stellen.

Servieren

Je 0,75 dl Lime Cordial mit Eiswürfeln in hohe Gläser verteilen. Anschliessend mit Bier, Club Soda oder Seltzer aufgiessen.

Tipp

Lime Cordial (Limesirup) ist ohne Zusatz 5 Tage im Kühlschrank haltbar. Passt gut zu scharfen asiatischen Gerichten (z.B. Satés mit Erdnuss-Sauce).

Q

R

S

T

W

Z

Glossar Schweizerische Begriffe

Glace	Eis, Speiseeis
Glacemaschine	zur Herstellung von Speiseeis
Halbrahm	fettreduzierte Schlagsahne
Kirsch	Obstbrand
Lime	Limette, Limone
Maizena (Maisstärke)	Speisestärke
Puderzucker	Staubzucker
Rahm	Sahne
Rum	Branntwein (aus Zuckerrohr)
Sauerrahm	Saure Sahne, Crème fraîche
Vollrahm	Schlagsahne

Register